新聞背後的故事

的故事

——寫在《大公報》創刊120周年之際

大公報 出版有限公司

習近平致《大公報》創刊120周年賀信

　　值此《大公報》創刊120周年之際，我向全體員工表示熱烈的祝賀！

　　一個多世紀以來，《大公報》秉承「忘己之爲大，無私之謂公」的辦報宗旨，立言爲公，文章報國，爲新中國建設、改革開放和現代化建設，爲香港回歸祖國、保持繁榮穩定發揮了積極作用。進入新時代，《大公報》旗幟鮮明發出正面聲音、凝聚社會共識，爲維護香港社會穩定、增進香港與內地交流、促進人心回歸作出了貢獻。

　　希望《大公報》不忘初心，弘揚愛國傳統，銳意創新發展，不斷擴大傳播力和影響力，爲「一國兩制」實踐行穩致遠、爲實現中華民族偉大復興的中國夢書寫更爲精彩的時代篇章。

習近平

2022年6月12日

序言

做新時代愛國愛港新聞人

李大宏

　　《新聞背後的故事》出版了！這本書是對香港從由亂到治邁向由治及興這一歷史性轉折的全景式記錄。作者都是戰鬥在第一線的大公報記者，寫的都是親身經歷、切身體會，每一篇報道背後都有鮮爲人知的故事，每一張照片都是珍貴的第一手記錄。翻開此書，讀者可以感受到筆底驚雷，圖裏風雲，感受到香港一路走來的艱辛曲折，感受到大公報人的敬業、樂業，鐵肩擔道義的使命感。

　　黑暴期間，燃燒彈在耳邊劃過，鐵通、石頭在眼前飛過，拳頭如雨點打過來，大公報記者決不向黑惡勢力屈服，輕傷不下火線，重傷不離戰場，流汗流血不流淚。我們用文字、圖片、影相，揭露暴徒的兇殘；用扎實詳盡的調查報道，踢爆一個個反中亂港分子的眞面目，將美西

方反華勢力搞顏色革命的圖謀暴露在陽光下，讓善良的人們看清真相，爲止暴制亂、凝聚共識作出了突出貢獻。

新冠疫情爆發後，大公報記者義無反顧，始終衝在最前線。哪裏疫情嚴重，哪裏就有大公報的記者；哪裏需要發聲，哪裏就有我們的報道。很多同事因此染疫，康復後又立即重返崗位，爲特區抗疫穩紮穩打、邁步走向復常之路，提供了有力的輿論支持。

《大公報》堅守信念，爲民發聲，克盡言責，發揮了倡議型媒體的作用，報道和評論的建設性備受各界肯定，不少建議獲特區政府借鑑採納、形成政策。這些積極作用充分印證了大公報人的宗旨：我們不僅是歷史的見證者、記錄者，更是建設者、推動者。

好的報道，好的圖片，離不開前線記者的辛勞，更離不開後方的策劃、組織、安排，離不開不同崗位的協同作戰。唯有上下一心，眾志成城，才能創造出好成績。在近年香港報業公會新聞獎評審中，《大

公報》連續名列前茅，無論是獲獎質量還是數量，都令人刮目相看。《大公報》輿論鬥爭打先鋒，專業辦報水準也得到專家和社會的公認，更顯難能可貴。實戰是最好的老師，挑戰是最好的磨煉。許多獲獎記者是初出茅廬的新人，領獎台上，他們青春面龐透出的成熟和自信，讓我們看到了《大公報》的未來。

滄海橫流，方顯英雄本色。香港「一國兩制」實踐是偉大事業、偉大工程，只有進行偉大鬥爭，才能實現偉大夢想。《大公報》積極發揮社會公器的作用，勇於擔當中流砥柱的角色，不斷擴大影響力，用實際行動踐行習近平總書記對《大公報》「立言為公，文章報國」的殷殷期待。

《大公報》是世界中文報章中一面高高飄揚的旗幟，記錄了一個多世紀中國近現代歷史的跌宕起伏，見證了中華民族苦難輝煌的滄桑巨變，也見證「一國兩制」從構想到落實的不平凡歷程。在今年《大公報》迎來創刊 120 華誕之際，習近平總書記親致賀信，高度肯定《大公報》在新時代旗幟鮮明發出正面聲音，凝聚社會共識，為維護香港社會穩定、增進香港與內地交流、促進人心回歸作出貢獻，希望《大公報》

不忘初心，爲「一國兩制」實踐行穩致遠、爲實現中華民族偉大復興的中國夢書寫更爲精彩的時代篇章。總書記對《大公報》的賀信，深刻揭示了愛國愛港媒體茁壯發展、基業長青的必由之路，指出了愛國愛港媒體在「一國兩制」下應有的使命擔當，爲《大公報》在新時代奮勇前行注入了強大精神動力。

《大公報》將繼續秉持「忘己之爲大，無私之謂公」的大公精神，不忘總書記囑託，不負受衆期待，知責於心，擔責於身，在新征程上揚鞭奮蹄，再創無愧於新時代的業績。

（作者為香港大公文匯傳媒集團董事長、總編輯兼大公報社社長）

目 錄

第三章
正義╳真相

第六章
新聞獎・新標竿

第一章 汽油彈
在耳邊劃過

決不向
黑惡勢力低頭

2019年黑暴籠罩全港，面對兇殘、無法無天的暴徒，堅持正義意味荊棘滿途，對香港市民、對香港的新聞界亦然。

冰凍三尺，非一日之寒，黑暴並非突然來襲，亂港分子幾年來「招兵買馬」、滲入媒體、製造輿論、洗腦年輕一代……暴力，是從無形的網絡欺凌、網絡造謠，進一步走向更肆無忌憚的街頭暴亂。

▲ 2019 年 10 月 13 日，暴徒企圖衝擊《大公報》，向北角柯達大廈大堂投擲多個汽油彈，大堂迅速起火，大量黑煙冒出。

　　《大公報》近年一直站在打擊亂港分子的最前線，多次揭破他們的陰謀詭計，是勇於揭露他們的正義媒體，這幫人早已視《大公報》為眼中釘，對我們恨之入骨。我們的記者捱過拳頭，慘遭跟蹤起底，受盡網絡欺凌，家人生活同樣因此受罪。但我們沒有一刻退縮，堅持走在最前線！堅持為「一國兩制」事業發聲！

是記者還是暴徒幫兇？

　　近年新聞隊伍當中出現了害群之馬，把採訪工作當成私器，賠上新聞專業，打着新聞自由的幌子，與亂港分子沆瀣一氣。

　　2016 年，《大公報》發現「港獨」組織「本土民主前線」創辦人梁天琦自稱

是「雙失廢青」，卻居住在港島東太古的康蘭居，該樓盤最細單位的月租也要 2.4 萬元以上。一個熱衷搞政治、反中亂港的無業廢青過着奢華生活。

2016 年 8 月 13 日晚上 8 時多，《大公報》調查組記者在銅鑼灣找到梁天琦，試就相關疑團向他提問，梁天琦態度惡劣回應「唔關你事！」「冇嘢同你講！」他更惱羞成怒，繼而以一連串粗言指罵記者，更試圖推撞記者，記者於是結束採訪離開。

奇怪的是，三個多小時後，已下班的記者與家人進餐後，在港鐵太古站竟與梁天琦迎面「相遇」。梁天琦上前挑釁，更衝前猛擊記者，令記者左面受傷流血，之後再揮拳打中記者嘴部……遇襲記者認得在旁「圍觀」的有人是《壹傳媒》的狗仔隊，他們在跟蹤我們的記者。

凌晨時分，《壹週刊》在網站上載聲稱是目擊者拍下兩人發生口角並推撞的片段，我們的記者亦慘遭「起底」，受到惡意攻擊。

2019 年黑暴期間，當時有一些奇怪現象，香港的新聞隊伍當中，有部分人已經不是做新聞了，利用現場採訪之便，實與暴徒同一陣線，例如有暴徒被拘捕了，有記者即時走上前，不是採訪，而是詢問「你的名字？身份證號碼？」幫他們傳遞消息、記錄，他們其實是幫兇……

為正義　記者採訪嘗盡甜酸苦辣

採訪是記者的天職，新聞自由不容踐踏，但大公報記者採訪期間多次遇襲、還要承受無日無之的網絡語言暴力，社會上那些高喊新聞自由口號的衛道之士，卻不發一言。

大公報記者暴亂現場被圍毆

2019 年 8 月 4 日夜晚，大公報記者在銅鑼灣暴亂現場正常採訪，卻遭到一群暴徒跟蹤、毆打，搶劫。記者頭部受傷，包紮後欲離開，仍遭暴徒圍攻。《大公報》發出嚴正聲明，強烈譴責暴力行為，並要求警方嚴肅追究。

2019 年 8 月 5 日凌晨三時許，網媒香港大學學生會校園電視（Campus TV）在其社交專頁上，起底一名大公報記者的個人資料，聲稱「街上拾獲」記者證，

▲暴徒瘋狂恐襲港九各區 破壞大公報招牌 2019 年 9 月 1 日《大公報》A1、A24

帖文亦未有為該名記者「打格仔」，行文偏頗，更誤導網民，煽動人身攻擊該記者。而《大公報》相關記者的證件其實是被暴徒所搶，並非拾獲。

據了解，Campus TV 即使在港大也是臭名昭著，被港大學生批評扼殺學生「真實聲音」，對意見不合者多是抹黑。翻查 Campus TV 的帖文及影片，大部分均針對警察執法，行文和畫面僅呈現警察拘捕暴徒的畫面，而無暴徒衝擊警方防線的報道。

許智峯禁錮大公報記者四小時

2020 年 8 月 14 日晚上約七時，大公報記者駕車到堅尼地城山市街停下，準備進行採訪工作。不料民主黨立法會議員許智峯手持電話突然出現，從車頭方向走向採訪車貼近拍攝。其間他沒戴口罩，舉止粗暴，向車內記者大聲咆哮「落車」；與此同時，採訪車左側亦突然出現一男子，同樣隔着車窗向記者大叫「落車」，更有一名穿綠衣、戴白框眼鏡的男子在大力拍打車尾近後玻璃位置。有人更企圖強行打開採訪車車門。記者報警求助。

當時許智峯在網上開啟直播，吸引眾人圍觀，更數度包圍記者採訪車。黃永志、葉錦龍、彭家浩、何致宏、黃健菁、任嘉兒等多名攬炒派前區議員亦在場。他們阻礙警方執法，不斷挑戰警方，多次以粗暴的言行要求警方「交人」。許智峯等人非法禁錮大公報記者長達四小時，更導致西區交通嚴重癱瘓。

其間採訪車欲駛離現場，由於許智峯在車頭的右手邊，故採訪車擬退後。當採訪車剛後退不足六吋距離，車外的許智峯「碰瓷」，大叫「做咩撞我？」事件發生後，許智峯竟惡人先告狀，上載剪輯過的片段，聲稱自己被跟蹤及被撞傷，顛倒是非黑白。

記者個人資料多次被公開

許智峯等人包圍《大公報》的採訪車，拍到大公報記者車牌的片段同步上載了《壹傳媒》的網站，發了即時資料，煽動「黃絲」一發現大公報記者的採訪車即時報告，即時公開，製造白色恐怖。《大公報》有記者被迫搬到親戚家暫住，還要找地方把採訪車藏起來。

▲暴徒砸爛柯達大廈的玻璃大門，在外塗污寫上侮辱《大公報》字句，意圖令反暴力的聲音「滅聲」。

　　暴徒經常使用的 Telegram 群組，也有人起底大文集團員工的資料。不只一次，《大公報》的員工被威脅、個人資料全在網上曝光，特別是經常採訪黑暴分子的前線記者，全家大小、私人生活一一遭公開。

　　大公報記者一次又一次遭受暴力對待，還有網絡欺凌，侮辱騷擾⋯⋯一向以維護新聞自由自居的香港記者協會，對事件卻總是視而不見，沒有任何譴責。

對黑惡勢力，《大公報》從不屈服

　　事實上，《大公報》一直為正義發聲，揭露亂港分子的陰謀，我們講事實講

▲黑暴肆虐期間，大公文匯傳媒集團的報紙架接二連三遭暴徒破壞。

▲大公報記者無懼暴力威嚇，堅持走在前線採訪真相。《大公報》把黑暴經歷編輯成書，為歷史留下見證。

真相是最徹底的，只有我們衝得最前，亦只有我們「咬着不放」，堅持報道。亂港分子視我們為「眼中釘」。2019 年前後，報館均有收到不同程度的襲擊恐嚇。

報館領導遭跟蹤

黑暴爆發前，我們的館址在鰂魚涌，那時已經有來自《壹傳媒》的人在門口暗中監視、跟蹤《大公報》的領導及記者。港聞的分管領導當時出入報館都會戴上口罩，免遭「點相」。2019 年遷館往田灣，仍不時有可疑人走上報館，甚至在凌晨時分在我們的門口徘徊。警方亦曾收到線報指有人會對報館不利，多次提醒我們要注意安全，警車亦經常在樓下戒備。

破壞《大公報》招牌

2019 年 8 月 31 日，港島發生暴亂，有暴徒在灣仔惡意破壞、塗污《大公報》招牌。這一幕很震撼，一班暴徒公然擔梯攀上高處破壞我們的招牌，不是一兩分鐘，是持續的敲打破壞、塗污，搗亂多時，卻沒有人站出來制止，可見當時的黑暴勢力是如何瘋狂，完全是無法無天。

▲ 2019 年 8 月 31 日，暴徒在灣仔破壞《大公報》招牌，暴徒惡意攻擊正義媒體，公然打壓新聞自由。

公然汽油彈襲辦事處

2019 年 10 月 13 日，暴徒在香港各區打砸搶燒，下午五時許，數名黑衣蒙面暴徒，企圖衝擊《大公報》，砸爛鰂魚涌舊館址大堂的玻璃門，並寫上侮辱字句，意圖令我們的反暴力聲音「滅聲」。暴徒還投擲多個汽油彈，大堂內頓時燃起大火，大量黑煙冒出……。但我們的採訪人員依然堅守崗位，沒有一個人退縮！

為香港發聲，為「一國兩制」事業發聲

面對暴徒一次又一次的野蠻兇殘行徑，我們一如既往，為香港發聲，為「一國兩制」事業發聲，決不向黑惡勢力低頭。

我們從沒有想過要退縮，反而更加堅持。出報不曾耽誤過一天，工作從不受影響，這就是《大公報》精神，面對黑暴，從不屈服，只有做得更好！

從抗暴面罩
到防疫口罩

大公報攝影組

2019年，香港街頭火光處處、汽油彈橫飛，暴徒時而堵路燒物、時而砸店破壞，他們成群結隊毆打街上無辜途人⋯⋯

2020年1月23日，香港出現首宗新冠確診個案，拉開疫戰的序幕，近三年超過200萬港人染疫，死亡人數過萬。

我們作為新聞工作者，特別是攝影記者，必須走在新聞最前線。黑暴和疫情，鍛煉了我們的團隊，年輕記者也在磨煉中成長。以下是《大公報》幾位攝影記者在黑暴和抗疫前線經歷的故事。

▲ 2019 年 7 月 28 日，大批暴徒企圖衝擊中聯辦，在途中衝擊防守的警員。圖為《大公報》的攝影記者正追拍手持鐵通的暴徒。

用傷痕換來的照片　大公報記者　蔡文豪

回想修例風波那段日子，我們像摸黑走遠路，每天都帶着疑問走上前線，前面的路要如何走？下一刻會遇見什麼？明天是否安全？

2019 年 6 月，如果看到暴徒扔磚頭，我必定會衝上前拍照，因為這是重要的新聞畫面，可是到了 7 月，暴徒扔磚頭已經成為常態；7 月初，當我們看見暴徒在各處縱火會感到震驚，但到了 8 月，大家對這畫面又變得不陌生了；9 月，暴徒開始亂扔汽油彈、瘋狂破壞港鐵站、對無辜市民行私刑；10 月初，暴徒甚至向警員潑腐蝕性液體……暴力程度不斷升級。

▲ 2019 年 9 月 15 日，暴徒不斷在金鐘一帶挑釁警方，警方出動水炮車驅趕暴徒。攝影記者在前線拍攝，難免會被濺中。

▲ 2019 年 11 月 12 日，暴徒與警方在中文大學二號橋發生激烈衝突，混亂中，大公報記者的面罩亦被擊中。

汽油彈擦肩　腐液傷手

我們在前線採訪，夾在警察和暴徒之間，暴徒亂砸亂扔，隨時誤中副車。

2019 年 8 月 11 日在深水埗警署外，一粒原本射向警察的鋼珠，誤射到我大腿；9 月 3 日在特首辦外，暴徒一邊撤退，一邊近距離向着我投擲汽油彈！幸好那汽油彈並沒有成功點燃；10 月 1 日在黃大仙，黑暴分子把腐蝕性液體潑向警察，同時也潑中站在旁邊的我，我的手和肩膊馬上被灼傷……還有多少次被磚頭雜物等擊中、催淚彈在身邊爆開等。

最激烈一次

2019 年 11 月 11 日早上，暴徒在香港中文大學發動所謂的「二號橋行動」，這是修例風波之中暴亂最激烈的一次。

連續數小時，暴徒偷取校園的弓箭、標槍用作武器與警對峙，更瘋狂向警察投擲多枚汽油彈，警方唯有發射催淚彈、橡膠子彈嘗試驅散人群……

前線危險，暴徒更兇險

黑暴期間，我和同事到前線採訪也是危機處處，令上司、家人甚為擔憂，每天我們能平安回公司、回家已是萬幸。

2019 年 8 月 25 日，在荃灣二陂坊，我們目擊近百名黑衣人以鐵通、棍矛瘋狂

攻擊數名警員，其間有警員受傷倒地，有警員被迫向天鳴槍，那是修例風波的第一槍。

還有一次，我親眼目睹一位途人被暴徒圍着毆打，過程僅十多秒，他已被狠狠毆打至頭破血流，鮮血濺滿身……

在汽油彈、磚頭橫飛下採訪確實驚險，然而暴徒的兇狠冷血、不理性，更叫人心寒。

衝到最前線　大公報記者　黃洋港

黑暴那年，暴徒曾以「打游擊」的方法，每個周末突襲不同地方。警察執法固然疲於奔命，我們作為歷史的記錄者，同樣要緊貼暴徒行蹤，「走得前、跟得貼」，利用鏡頭記錄真相、呈現真相。

▲ 2019 年 7 月 28 日，記者採訪暴徒大亂港島各區，暴徒明顯有組織、有預謀，更有黑衣人揮舞美國旗幟。
大公報記者黃洋港攝

▲ 2019 年 10 月 1 日，記者在北角暴亂現場採訪，其間記者遭暴徒推跌令腳部受傷，需入院治理。

▲ 記者「上山下海」拍攝新聞瞬間，出動攀山裝備尋找最佳拍攝點。

我們是「戰地記者」

暴亂現場經常危機四伏，記者採訪之餘，亦要注意安全，眼觀六路，耳聽八方。

2019 年 7 月 28 日晚上，上環一帶突然有大批暴徒集結堵路。我收到指示趕赴現場採訪。那天暴徒從陸戰轉為「空襲」，他們將金屬路牌、雜物等從天橋擲向下方人群。我們在現場拍照，除了捕捉新聞瞬間，還要留意高空，隨時找地方「掩護」，否則一中「頭獎」必死無疑。

2019 年 10 月 1 日，暴徒發動連環襲擊，屯門、荃灣、油麻地、深水埗、黃大仙，以及港島多區爆激烈暴動。商場、食肆、旅行社、港鐵站，以至立法會議員辦事處和政府合署，全部成為襲擊目標，黑衣人肆意破壞，撬開鐵閘，闖店縱火。暴徒更針對警察瘋狂施襲，招招攞命，多名前線警察受襲披血，前線記者及市民也紛紛「中招」。那天我在北角港鐵站附近拍攝，當時場面混亂，我亦被暴徒推跌，腳部受傷，之後更要入院治理。

黑暴那段日子，汽油彈、竹枝、磚頭、催淚彈在半空、身邊交錯出現，採訪就如上戰場般，但我們沒有退縮，仍然站在最前線！

▲為捕捉黎智英步出荔枝角收押所一刻,記者攀上收押所對面的山坡,在叢林中連夜守候。
大公報記者黃洋港攝

▲ 2020 年 12 月 12 日,身纏鐵鏈鎖上手扣的黎智英步出荔枝角收押所。
大公報記者黃洋港攝

我們是「攀山專家」

壹傳媒創辦人黎智英在香港國安法出台後,仍多次公開呼籲外國制裁中國內地和香港,2020 年警方首度引用香港國安法中的「勾結外國或者境外勢力危害國家安全」罪起訴黎智英。

2020 年 12 月 12 日,黎智英從荔枝角收押所被押送到法院應訊。當時,我們為捕捉黎智英身纏鐵鏈鎖手扣,從收押所步出來的一刻,我們一早已到達拍攝位置準備。

拍攝位置在荔枝角收押所對面的山坡上,那裏地勢陡峭可謂「無路可行」,我們要利用爬山繩在斜坡攀爬而上,同時還要帶着大型攝影器材(如超長鏡頭),當記者還需要練得一身攀爬本領。

到達後,我們需要長時間等待,從早等到晚,其間沒有飯吃,沒有水喝。在叢林中守候,還要忍受大量蚊子的叮咬,辛苦程度非筆墨可形容,但一輯好相,一位好記者,都是從走過這些歷練而來吧。

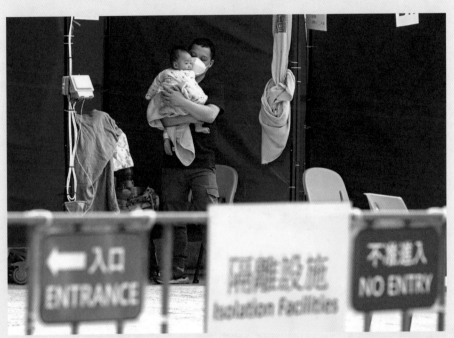

▲ 2022 年 2 月，記者到明愛醫院的急症室採訪，求診人數眾多，醫院外搭起帳篷暫作隔離區。
大公報記者林良堅攝

記者，就是有一份勇氣！ 大公報記者 林良堅

第五波疫情來勢洶洶，2022 年 2、3 月的確診數字屢創新高，染疫者蜂擁到公立醫院，多間急症室爆滿。在深水埗的明愛醫院，急症室外架起十多個藍色帳篷作隔離區，另一邊的露天停車場亦放滿多排病床。

心酸但無能為力

我記得 2 月初某日到明愛急症室採訪，當日氣溫是 16 度以下，部分患者需要圍着錫紙保暖，有患者坐在輪椅上，身體不停顫抖。有一位手抱着兩歲小孩的媽媽，在等候區隔着欄杆向我哭訴，她已經等了十多個小時，她希望我可以幫忙了

▲第五波疫情來勢洶洶，公立醫院爆滿，醫院外連露天的位置也擺放了多張病床。

大公報記者林良堅攝

解醫院的情況，當刻我真的無法回答。眼見眾多病患無助的表情，我很心酸，卻又無能為力。作為攝影記者，我只能提醒自己收拾心情，謹守崗位，用相機記錄眼前所見。

喝一口水的風險

跑前線的記者，實際上染疫的風險非常高，高到什麼程度呢？就是連喝一口水都可能會中招。

疫情持續，那段時間每晚都有封區。2022 年 2 月 21 日，氣溫僅 7.5 度，是當月最凍的一天，我們到深水埗採訪封區行動，去現場前已有心理準備，因為附

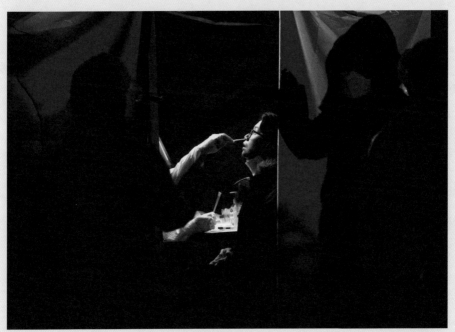

▲ 2022 年 2 月 21 日，深水埗南昌邨懷疑有隱形患者，記者到現場採訪圍封檢測情況。

大公報記者林良堅攝

近樓宇的確診人數多達幾百人，該區的衛生環境較差，唯有做好保護，減低染疫風險。

　　當晚天氣寒冷還下着雨，我去便利店買了杯熱飲。我也擔心除口罩會受感染，但實在太凍了，須喝些熱飲保暖然後繼續工作。

　　完成採訪後，我已立刻在現場消毒隨身物品及攝影器材才回家，但幾天後，我便出現喉嚨痛等症狀，還是確診了。

　　第五波疫情最高峰的時候，我們差不多每天都往疫區跑，急症室、封區現場、各大爆疫場所……感染的風險確實很高，但我們當記者的，就是有一份勇氣，無論如何堅持採訪，這就是我們的使命！

▲ 2019 年，香港街頭火光處處，暴徒堵路燒物、砸店破壞，那段日子攝影記者在前線採訪險象環生。
大公報記者何嘉駿攝

▲黑暴那年，暴徒每周末突襲不同地方。記者要緊貼暴徒行蹤，「走得前、跟得貼」。
大公報記者何嘉駿攝

▲記者站在最前線，利用鏡頭記錄幕幕暴力畫面。
大公報記者何嘉駿攝

從太子站謊言說起

2019 年連月暴亂，太子站戲子「靈堂」、「爆眼女」事件、暴徒肆意向無辜途人行私刑；各種似是而非的假消息，無孔不入的造謠文宣，亂港分子不斷美化暴力為暴徒惡行張目⋯⋯

揭破這些陰謀、謊言，正正是記者的天職，大公報記者一直在前線戰鬥，從不畏縮！

阻警取醫療報告

全港市民都在問：
爆眼女，你在躲什麼？

◀爆眼女八月日在尖沙咀暴亂現場爆眼受傷

大公報
Ta Kung Pao
一九○二年創刊於天津 獨特評在內地發行
本報現為香港唯一完整保存創刊至今全部完整版數電子版庫
己亥年八月十一日 第44680號
2019年9月9日 星期一
今日出紙二疊八張 零售每份十元
大公報　大公網站　P仔電子報

8月11日，你身處尖沙咀暴亂前線，右眼受傷了，隨即有指控說是警方布袋彈造成。之後，有人爲你走上街頭，要警方「還眼」，掀起一場又一場暴亂。

警方多番表示，希望你主動聯絡，提供第一手資料。警方亦希望索取你的醫療報告，進行完整的調查，讓事件水落石出。令全港市民百思不得其解的是，你選擇了不報案，不露面。

直至8月29日，「你」在短片中出現，卻爲市民帶來更多疑問：短片中人是你嗎？爲何在短片中隻字不提受傷始末？爲何不告訴我們究竟被誰所傷？被什麼所傷？

警方日前取得法庭手令，向醫管局索取你的醫療報告，你卻發律師信反對。市民不禁要問：「你在躲什麼？」

你曾自稱受傷的眼睛是埃及神祇荷魯斯的右眼，希望「可以令香港市民遠離痛苦，戰勝邪惡」。然而，如今的香港，是非顛倒，讓謠滿天，真理掩埋。因爲你右眼「不能說的秘密」，社會還在繼續撕裂分化，暴力之火、邪惡之火正在摧毀我們共同的家園。爆眼女，請你站出來，請出真相吧。

爆眼女，你在哪裏？
香港因你撕裂分化！
你當可置身事外？
如果你未被人操控，
除下面具站出來吧！
我們需要真相！

龔之平文章：
造謠栽贓是顏色革命的例牌操作
A2

五大疑點

1 爆眼女是否為警方布袋彈所傷的爭議，源自現場有多幅照片顯示有物體碎片擊中她右眼護目鏡上，惟在現場附近上有布袋彈碎片，但多間媒指合共拍攝的片段都沒有。

2 有資料顯示，有警察採列侦察暴亂可疑的尖沙咀警署曾射出多少枚布袋彈，但為何尖沙咀暴亂女與布袋彈碎片有關？事件真相須追查。

3 爆眼女從8月11日受傷至今為何不露面？她的醫療報告是謎，醫療事件要求落案調警。

4 自稱是當事人的女子8月29日透過短片稱自己不便透露傷勢，又稱事件源於未視見具自己受傷的始末。

5 網傳一名金主提供500萬元豪宴爆眼女封口，甚至提供3000萬元要求某人「冚聲」，事主從未現員身證清楚，令事件更加撲朔迷離。

◀8月29日，自認是爆眼者的女子透過短片接吹對抗政府，卻未提傷勢

暴亂嚇怕
旅客削四成
A3

暴毀港鐵
火燒中環站
A4

受傷當日 暴徒喪射丫叉榴彈槍

【大公報訊】記者薛違峰報道：圍繞事件發生至今這一刻，事主至今未曾公開露面。正因為真相不明，暴徒便藉此事作煽動仇對，發起眾多抗爭「還眼」集會，誠如「以暴易暴」。

事件發生在8月11日的尖沙咀暴亂，當時有尖沙咀暴亂，當日亦有不少暴徒現身，急救員，當時尖沙咀「救亂」。

◀暴徒在多次暴亂中均有使用「丫叉」發射鋼珠，威力巨大。

爆眼女拒絕與警方聯絡

現日，荔灣分子登前「百萬人盂蘭燭光」集會，爆眼彈照女，標榜出人道照終大受聲響。自稱爆眼女肉體人在連登討論區稱，爆眼女想要右眼受傷，晶體受損。警方有向記者會表示，未能確認彈彈由誰造成，呼籲當事人主動向警方聯絡。

8月13日，警方再次召開記者會上呼籲當事人主動向警方聯絡，惟前警察李桂華在記者會上直指事主報警，惟調本接口供惟不作作出拘捕，同時，「有組織罪案及三合會調查科」向轄確女偵促，希望該事件件很快能了結。

此後，網大照多人力風吹，均向暴徒述大叫「還眼」口呼。8月18日，有暴徒人員報暴亂事件代證組暴動。8月29日，「反匪記者會」播放爆眼為為爆眼女在28日拍攝的短片，片中女子身穿黑衣，戴太陽鏡及口

罩，右袍裏上掛布，聲言想想動漁口，甚至圖弄指面的文字上寫示，8月28日終說攝警察向看顧爆眼女的個人資料，並企欲奪法區手令索其醫療報告。

昨日，爆眼女委律師信反對警方索取其醫療報告，爆眼風起的未揭開。

◀尖沙咀暴亂中有暴徒鋪有榴彈槍

報料 熱線 9729 8297　newstakung@takungpao.com.hk

▲向「爆眼女」提問　2019年9月9日《大公報》A1

（一）追查「爆眼女」 大公報記者 楊州

2019 年 8 月 11 日，有傳媒報道，在尖沙咀警署附近，一名參與暴亂的女子報稱右眼受傷，事發後卻堅持不報警。「黃媒」及「黃圈」不斷炒作，誣衊是警方的布袋彈打傷女子右眼，煽動仇警，引發其後連串非法集結及暴亂。

惟「爆眼女」的身份及行蹤一直神秘，網上瘋傳各種版本有關其身份的資訊，其中一些提及「爆眼女」家住屯門龍門居，甚至列出疑似「爆眼女」的電話號碼。記者為求證有關消息，先致電有關電話號碼，但未能接通。遂向地區人士進一步了解，證實曾有警員出入龍門居進行調查。記者為求真相，即時趕往龍門居，喬裝成回家的住戶，結果順利進入該幢大廈，並找到疑為「爆眼女」居住的單位。

記者按門鈴但沒人應門，仔細一看，發現「爆眼女」的單位較其他鄰居「高度設防」，單位上方竟裝有閉路電視。為追查更多資料，記者嘗試向同層的其他住戶打探「爆眼女」及其一家的情況。左鄰右里看見網上流傳的相片後，均能確認其身份，並透露自從傳出被打傷右眼的消息，「爆眼女」已多天沒有回家，其家人亦彷彿被安排失蹤。從鄰居打聽到的消息，與當時有指「爆眼女」家境一般，但獲黑暴金主安排一家「消失」，以免「爆眼女」根本沒有爆眼的事實被揭穿的消息，不謀而合。

記者獨家追訪到「爆眼女」的

▲疑似「爆眼女」身份曝光？
2019 年 8 月 31 日《大公報》A4

真正身份，便離開那樓層，坐升降機抵達大堂。升降機門一打開，只見七名保安員一字排開在大堂守候。記者假裝若無其事走向大門，殊不知多名保安員上前攔阻，其中一位貌似保安主管向記者表示有住戶反映有陌生人擾民，要求記者表明身份及進入該大廈的目的，甚至表明記者若不從便報警處理。記者只好向保安表明記者身份，他聽罷才肯放行，更佐證「爆眼女」的保安措施升級。

「爆眼女」事件堪稱修例風波的一個重要插曲，令暴力不斷升級。「爆眼女」事件的實質，在於利用人們對少女受傷的同情心，利用年輕人的血氣方剛，煽動仇恨，激化矛盾，撕裂社會，誘使更多不明真相的人加入反政府暴力行動。黑暴期間充斥謠言和偽造，假新聞、假記者、假警察、假死亡、假強姦等層出不窮，令人眼花繚亂，而「修例風波」被歪曲為「送中」，本身就是惡毒謊言。

三人成虎、積毀銷骨，謠言的殺傷力之強在全球各地「顏色革命」中屢見不鮮。香港攬炒派與美國關係密切，而曾任中情局局長的蓬佩奧曾公開聲稱「我們撒謊、造謠和欺騙」。

回顧那一段黑歷史，人們可以看得更清楚，黑暴就是港版「顏色革命」，攬炒派在外部勢力支持下，為奪取香港管治權而不惜「攬炒香港」，「爆眼女」事件背後黑幕重重。

▲拆穿「爆眼女」謊言
2021 年 5 月 25 日《大公報》A2

▲所謂「死者」親友 你們在哪？ 2019 年 9 月 10 日《大公報》A1

（二）「太子站死人」後面的政棍
大公報記者　李雅雯、調查組、資料記者

2019 年黑暴爆發，反中亂港分子製造大量假新聞、假消息，煽動仇警情緒，吸納新暴徒。

2019 年 8 月 31 日晚，警方在港鐵太子站執法，事後亂港分子竟在網上散播流言指當晚有暴徒被打死。一班亂港「戲子」連續兩個多月在太子站 B1 出口，以鮮花、香燭僭建出一個「靈堂」，煽惑市民每日聚集「仇警靈堂」拜祭，藉此不斷散播仇警思想、煽動市民上街、圍攻旺角警署等。

▲《大公報》獨家報道，揭穿亂港分子造謠太子站有警員打死人的陰謀。市民大讚以正視聽，有市民將《大公報》頭版張貼在太子站外，吸引街坊駐足閱讀。

《大公報》為了拆穿這些鬼話連篇，將這班台前幕後的政棍「戲子」一併抽出，粉碎背後的政治陰謀，專題組及調查組兵分兩路出動。調查組負責跟蹤「仇警靈堂」幾名燒香燭冥鏹的核心神棍、在附近「監場」的神秘外籍人士，以及收錢當「天文台」的蠱惑仔。另一邊廂，專題組記者則混入負責摺衣紙、燒香燭冥鏹的婦女群，並接觸那些在現場向海外媒體及路過市民造謠說看到太子站有「三冤魂」的「戲子」。

　　記者買了鮮花假裝到「靈堂」拜祭，與在現場聲稱每天見到「三冤魂」的「戲子」聊天，慢慢混熟，再由「見鬼戲子」的介紹下，接觸到負責燒紙化寶的婦女群組。為了讓這班婦女放下戒心，記者只好每天坐在「靈堂」，一邊吸着汽車廢氣，一邊與她們一起在街邊摺衣紙，終於從其中一名老婦口中得知，她是「港獨」組織「香港眾志」的義工，有參與周庭的義工活動。老婦還表明收到「眾志」的指示，每天到「靈堂」摺衣紙。至於另一個「燒香燭冥鏹戲台」，老婦透露是由與「眾志」經常合作的「社民連」負責，又說漏了嘴，透露每晚在燒紙化寶唸經的那位叫「肥姐」。

　　記者獲得重要線索後，再交由資料組同事在網上「人肉搜尋」，成功找出「肥姐」與周庭在「眾志」活動的合照，而「戲子」肥姐則與長毛梁國雄抬棺材時被傳媒拍下了。整篇報道圖文並茂，再配以多幅外籍人士「監場」、每天打點靈堂收錢的「口罩男」等調查相片，揭穿所謂的「太子站打死人」、「靈堂戲」等，背後都是亂港政棍在操控。

　　我們的報道粉碎了一個又一個亂港謊言，讓全港市民看清真相，這是我們作為記者的天職。

▲還原太子站真相
2019年9月11日《大公報》A3

▲踢爆戲子「靈堂」
2019年10月8日《大公報》A3

▲痛斥黑暴 齊心救港
《大公報》2019 年 11 月 24 日
A9、2020 年 11 月 11 日 A3

（三）被私刑的途人
大公報記者 楊州

黑暴期間，多名香港市民及內地旅客遭暴徒「私了」，其中包括黑龍江青年楊學志，他在 2019 年 11 月 11 日來港公幹，路經旺角街頭時慘遭暴徒圍毆，並被暴徒以鐵槌襲擊，導致他的頭骨爆裂及中指永久畸形。

這次遭遇幾乎改變了楊學志的人生軌跡。2020 年 8 月，有傳學志在網上籌款，記者從有關圖文得知他出院後處於失業狀態，靠借貸度日。記者嘗試透過微博尋找楊學志本人，搜尋帶有「楊學志」字眼的微博用戶，發現其中一人所發的圖文，與近日香港網傳的圖文相近，記者於是私訊該名「楊學志」，並表明記者身份，事隔一日，獲回覆確定他是楊學志。

楊學志與記者素未謀面，在記者表明來意後，學志對記者有問必答，隨後幾天時間，雙方在微博上以文字方式溝通，你一句，我一句，我問他的傷勢如何、為何會在網上發起眾籌。至於較為複雜的事情，學志會直接語音回答，記者從他的語氣感受到他傷後康復的生活並不容易，他向記者訴說過去五個月的生活狀態，提供內地的醫學證明書顯示他左手中指確診為永久性畸形，屬十級

▲內地來港公幹的 27 歲青年楊學志，2019 年 11 月 11 日晚上在旺角遭暴徒私刑襲擊，導致頭骨爆裂，縫了 60 針，手部骨折、身體多處瘀傷。

傷殘，頭顱則長不出頭髮，每逢下雨就頭痛，為了治療花光所有儲蓄，甚至要向朋友借錢支付治療費及生活費。

楊學志是黑暴受害人，有向特區政府申索賠償，但他僅獲在港住院三天的報銷賠償金額 2976 元。28 歲的他正值事業搏殺期，因傷負債纍纍，永久傷殘不能工作，二千多元賠償金只是杯水車薪，他唯有向外界求助。

同時間，港人 Ricky 從內地朋友得知楊學志生活陷入困境，於是匯集一班熱心港人一同為學志籌款。記者透過中間人聯絡上 Ricky，相約在觀塘警署進行訪問，說已在微信與學志建立聯繫，希望盡一分力量。楊學志一事經《大公報》報道後，多名讀者想向學志捐款，為此《大公報》亦特意安排籌款賬戶，透過深圳辦公室將籌得的善款交予楊學志。學志說《大公報》及香港朋友為他籌款的義舉令他心裏很溫暖、很感動。

內地男遭暴劫 港人仗義捐助

——幅新聞照片引發的感人故事

學志 因傷負債纍纍 永久傷殘不能工作

Ricky 為阿Sir揸鑊鏟煮愛心飯

八號波「親子衝浪」搵命博

九號波母子塔門露營 七旬母淋濕現低溫症

▲港人仗義捐助黑暴受害者　2020年8月20日《大公報》A6

（四）來之不易的 32 秒提問　大公報記者　李雅雯

2020 年法庭裁判的多宗黑暴案件，引起公眾憂慮司法不公，9 月流出的一封匿名信講及 7 月 3 日一講座更觸發司法界軒然大波。

司法機構後來證實曾舉辦 7 月 3 日名為「司法公正及公眾信心」的講座，但拒絕公開內容。記者獲得出席該講座的裁判官的短訊內容，表示對該講座感到負面、受打壓、審理黑暴案件有壓力等，雖然多名關注的議員已去信要求司法機構交代事件，卻不獲理會。

時任首席大法官馬道立成為傳媒追訪焦點。於是記者一大清早到達馬官的半山官邸，希望等待他的座駕駛出，截車追問。惟等了良久仍未見馬蹤，手腳已被蚊子咬得甚為痕癢，幸獲一名正在官邸掃落葉的職工告知，馬道立當天早上因事提早離開，建議到終審法院等待，或有機會遇到他步行往終院辦公。

▲大公報記者在終審法院外追訪馬道立大法官，他當時避而不答。

記者身處的半山公車不多，但時間緊迫，只好一邊跑落山一邊留意路上有沒有的士可截載……好不容易到達終審法院門外，卻又被門外保安員無理趕走，爭論一番後，仍被限制採訪範圍，當時正憂心獲准等候的位置已遠離終審法院的辦公入口，正盤算下一步採訪策略時，竟獲幸運之神眷顧，馬道立與另一名法官出現在對面的馬路，馬向記者方向施施然步來，眼見機不可失，立即舉起手機攝錄追問，在短短的 32 秒提問中，馬大法官處處迴避，急步離開，凸顯了司法機構漠視公眾的知情權，司法機構改革不能拖！

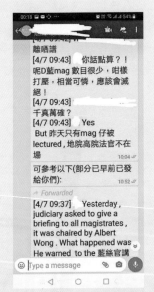

▲ 讀者向《大公報》提供裁判官出席 2020 年 7 月 3 日法律講座後的 WhatsApp 短訊內容。有裁判官表示對該講座感到負面、有壓力及表示受「打壓」。

追訪馬道立

▲追訪馬道立　2020 年 9 月 7 日《大公報》A1

這份責任沉甸甸

大公報記者　賴振雄

2019年黑暴橫行，暴徒在街上對政見不合的人「先則口角，繼而動武」，逐漸演變成「隨便找個藉口就打」，多人被打至頭破血流，當中包括「愛國男」周曉東。

▲周曉東當年因說了一句：「你們知不知道國恥？」隨即被數十名暴徒包圍拳打腳踢，周曉東被打至癱瘓地上。
電視截圖

　　周曉東當年 49 歲，只是一名升斗市民，在茶餐廳任兼職侍應，被外界稱呼為「愛國男」，源於他在 2019 年 9 月 15 日，收工途經灣仔時，見到一班人舉着日本國旗遊行，其間他只是說了一句：「你們知不知道國恥？日本侵略中國，香港也經歷過三年零八個月！」隨即被數十人包圍拳打腳踢，整個過程更被途人直播拍攝，他被暴徒打至癱瘓地上，一度失去知覺，差點搞出人命，情境之恐怖，猶如「死亡直播」。

　　周曉東送院時，情況一度危殆，幸好後來吉人天相，治療後，終可回家養傷。記者為了採訪這位「愛國男」，周圍打探消息，來了一次「尋人記」。

無效的止痛藥

　　最初，記者透過互聯網，希望憑事件的蛛絲馬跡，可以找到「愛國男」，但始終沒有找到任何線索。事發地點在灣仔，我們嘗試聯絡當區區議員幫忙尋人，

▲周曉東被數十人毆打，過程更被人拍攝下來，儼如「死亡直播」。

▲周曉東傷痕纍纍，被打甩三隻門牙，雙眼、嘴唇腫脹，胸口痛得難以入睡。

結果還是毫無頭緒。幾經轉折得悉「愛國男」原來從事飲食業，有工會的人認出他，終於成功眾裏尋他。

透過中間人，聯絡上周曉東，起初他對事件猶有餘悸，不想說太多，幾經游說，終於可以相約見面，由於當時「起底」成風，怕他在外受訪有風險，加上他仍有傷在身，所以約定在他家中見面。

還記得，見面當日他的眼和嘴唇仍然腫脹，門牙也被打掉，顴骨瘀傷。他說吃了止痛藥，仍然痛楚難當，無法入睡。由於傷勢不輕，要留家休息「一頭半個月」，打工仔手停口停，唯有節衣縮食，靠積蓄度日，他坦言，一度以為自己會死，但他不會後悔，「因為自己身為中國人，毋忘國恥！」當時不少「黃絲」，將無辜被打的受害人，反說成是戲子，但事實是，周曉東只是一名小小的茶餐廳兼職侍應，被圍毆幾乎無命，身上的傷勢騙不了人。

美味的雞蛋仔

報道刊登後，引起社會各界強烈反響，不同團體、熱心人士紛紛致電本報，希望慰問周先生，為他打氣加油，基於新聞操守，同時也要保護他的安危，不便向第三者公開他的聯絡方法，最後經周先生同意，《大公報》員工一起做義工，安排了一次慰問活動。

▲聲援黑暴受害者　《大公報》2019 年 9 月 20 日 A6、2019 年 9 月 24 日 A1

　　慰問活動當日，中央電視台、新華社等十餘家媒體的記者亦聞訊而至，初時，周曉東也感到詫異和擔憂，但最後他也決定勇敢站出來表明感言，令我們也深受感動。

　　另外，周曉東的收入不高，沒有餘錢修補門牙，一些熱心市民和團體籌款，讓他可以到私家牙醫診所修補門牙。

　　記者及後每隔一段時間也會致電慰問周曉東，了解其康復情況。知道他喜歡吃雞蛋仔，後來和他再做了幾次訪問，我也會買一底雞蛋仔請他吃。起切，他的門牙仍未修補，咀嚼困難，加上待業在家，吃着自己喜愛的食物，面上還是愁雲慘霧。後來社會回復穩定，他終於有工開，門牙也補回了，品嘗雞蛋仔時，終於重現笑容。

第二章　不一樣的新聞戰場

修例風波下
善與惡的錯位

大公報記者　盛文軒

2019 年 6 月，一場突如其來的黑暴，讓人徹底顛覆對香港這個法治社會的認知。一個為更好制裁逃犯的法律修訂，竟掀起了一場充斥着破壞、野蠻、罪惡的軒然大波。過去的非法「佔中」、旺角暴動與之相比，簡直是小巫見大巫。作為記者的我們，不僅見證了那個時代的瘋狂，亦在不斷探究瘋狂背後的原因。

▲暴徒的武裝不斷升級，2019 年 8 月 11 日，一群暴徒集結在尖沙咀一帶，大公報拍得有暴徒竟手持仿製榴彈發射器，企圖射擊警員。

　　黑暴前夕，作為政治記者，我們在立法會嗅到一絲危險的氣息：連之前相對溫和的反對派議員也開始不擇手段地阻撓《逃犯條例》修訂的審議，表現過於反常。果不其然，沒過多久，立法會的爭端被轉移到社會上，而小規模的騷亂也很快演變成大規模的衝擊。

　　「遊行 + 暴亂」的模式幾乎在每個周末都會上演。當時我們的工作之一，便是隱藏身份，混在遊行人群中暗訪，記錄現場的情況。

　　大多數情況下，反對派的頭目走在隊伍的前面，喊着「反送中」「五大訴求」等口號，一副正義凜然的神情，後面的人就像着了魔一樣，一句一句地重複呼喊着⋯⋯

　　遊行走到終點，反對派頭目退居二線，大部分人開始陸續散去，一部分眼罩、口罩、護肘、護膝從頭武裝到腳的黑衣人開始三五成群聚集起來，他們推倒路邊

▶亂港分子利用彈叉、石頭、鋼珠攻擊警方防線。

▶黑暴期間，港鐵站不斷受襲，不單影響列車運作，維修及更換費用更超過6億元。

的垃圾桶，四五個人圍着路邊的鐵欄，當中兩三人用工具熟練地拆卸着，其餘的人圍成一圈，向外打開雨傘，遮擋着拆卸主力。

記得有一次，當時我穿着一件熒光黃的記者背心，僅僅是稍稍靠近拆欄的人，持傘的一個男子便開始警惕起來，低聲喝道：「睇乜嘢啊！」旁邊一個女子也發出尖銳的呼聲：「唔好睇啊！」

雖然兇相畢露，但這群黑衣人並非無所畏懼，當時前方傳來一聲「警察過緊㗎」，他們便有如驚弓之鳥，四散奔逃，轉過頭發現原來是虛驚一場時，才緩緩重新集結。有趣的是，循環往復數次之後，再聽到「警察來了」，他們並沒有挪動腳步，只是定在原地眺望遠方。這時，卻見手持長盾的防暴警察黑壓壓的一片，

◀ 2019 年 8 月
31 日，暴徒在
灣仔警察總部附
近焚燒橫跨軒尼
詩道的路障，頓
時火光熊熊，黑
煙沖天，其間傳
出至少五次爆炸
聲。

從遠處緩緩推進。黑衣人這才開始再度奔逃，警方陸續清場。

在善惡面前，我們努力揭露真相

　　凌晨下班的時候，街道上的人潮早已散去，只留下被翹起散落一地的地磚和
路口耷拉着腦袋失去顏色的交通燈。「這個世界莫不是瘋了？」這個問題常常出
現在我腦海裏。這些本應在任何地方都受到社會一致譴責的惡行，在香港卻意外
地有大批盲目支持者，他們只看立場，不問對錯，就連一些精英階層的專業人士
也是如此，香港根深蒂固的法治觀念彷彿在一夜之間全被捨棄。

　　後來我們在現場觀察發現，雖然警方大費周章地驅散黑衣暴徒，但由於抓捕

量極少，許多暴徒下次依舊活躍在前線，而且行為愈來愈激進，當街縱火，圍毆途人，無惡不作。更令人擔心的是，加入黑暴的人數在持續增加，當中年輕人不在少數，他們有的是受好奇心驅使，有的則是受不住金錢的誘惑。

當時，我們發現這些所謂「示威者」，他們響亮口號的背後，有無數條暗藏的資金鏈在支撐着黑暴運作，當中既有暴徒就地分贓，也有資金來歷不明的黑暴基金為被捕的暴徒提供律師支援等一條龍服務，還有為暴徒吶喊助威的外國勢力暗暗輸送了多少資金和裝備。

然而，儘管我們通過報道揭露這些亂港真相，但這些亂港分子的支持者有如被洗了腦一般，只相信自己願意相信的，其他的聲音一概充耳不聞。哪怕你提供再多證據證明太子站沒有死人、爆眼女是被自己人所傷、新屋嶺沒有強姦事件……他們都選擇性失明失聰，猶如狂熱的信徒。

在善惡面前，經受一場特殊考驗

對於這種情況，我們特意採訪了催眠治療導師黃兆良。他在解釋這一現象時，介紹了英國心理魔術師 Derren Brown 設計的一個「屈從性」測試。房間裏最開始有三個演員，他們被要求一聽到鈴聲就站起來，再聽見鈴聲就坐下。第四個毫不知情的測試者進屋後，開始覺得莫名其妙，但時間一久，動作上就不知不覺地跟三名演員一樣，而且人數愈多，新來的人就會愈快跟着做動作，不跟從的則會被請離房間。最終，即便最初的三個演員離開，剩下的人聽見鈴聲仍然會站起或坐下。

黃兆良解釋說，這在催眠學上稱作「屈從性行為」，即有人帶頭起哄，強迫或慫恿跟隨者做出同樣行為，突破心理防線。如果一個人的「社會屈從性」愈強，愈會參照其他人的行為做出同樣的舉動，這就是催眠學上所說的「從眾」。而且帶頭的人愈多，從眾的壓力愈大。「當一個群體都在進行同樣行為的情況下，個人便會更加堅定所謂的『信念』，在實施違法行為的時候肆無忌憚。」

這一解釋很好地說明了當封印「惡」的法律枷鎖一旦被打開，「惡」的聲音被無限放大，而「善」的聲音受到壓制，社會上就會形成「誰惡誰大晒」、「邊個人多邊個大晒」的反智局面，打砸搶燒的暴徒被奉為英雄，仗義執言的市民卻

▲ 2019年9月6日，暴徒四處流竄，太子、旺角及油麻地一帶淪戰場，黑衣人在彌敦道、山東街放火燒垃圾桶及雜物。

遭圍毆滅聲。

　　網絡上常說「打不過就加入」，但在大是大非面前，這條善與惡的底線無論如何都不能拋棄。儘管我們報社多次成為被暴徒攻擊的目標，甚至有記者毆打、起底，在網上遭受辱罵，但大公報人與惡勢力鬥爭的信念始終未曾動搖，愈是被攻擊，便愈是堅定，堅持以筆為槍，揭露亂港分子的醜惡行徑。

　　「真的假不了，假的真不了」，善惡亦如是，儘管一時顛倒，但終究不會持久。這場黑暴對於我們新聞人來說，也是一場特殊的考驗。

我們見證歷史時刻

大公報記者 義昊

每五年一次的香港特別行政
區行政長官選舉，是大家關注的
新聞焦點，我是一名新聞新兵，
加入《大公報》成為政治組記者，
有幸在灣仔會展中心現場見證了
李家超當選成為第六任行政長官
人選。

▲香港特別行政區第六任行政長官人選順利誕生　2022年5月9日《大公報》A1

2022 年 5 月 8 日行政長官選舉當天，我因為太興奮，早上不到六點便起床。七點左右抵達會展中心時，公眾區域已排起長長的人龍，大批市民也一早動身，期待見證這個歷史性的一刻。與此同時，傳媒登記區也在「打蛇餅」了。

　　攝影記者左手腳架、右手梯子，「長槍短炮」環掛滿身，每個人都「全副武裝」前來這場新聞「盛宴」。一入會場，各行家都立刻衝向「咪兜」前「霸位」、「擺陣」，腳架、梯子、攝影器材等一一到位，等待前來投票的選委出現。

　　投票期間，整個會展中心的快門聲不斷，大家都生怕錯過任何細節。由於票站範圍很大，我與其他同事分了工，各自負責留意會場的一部分。但見到想要採訪的選委時，大家都很投入，會一同衝上前提問。攝影記者發現「目標人物」時，也會立刻通過社交媒體通知大家。

　　「您好，我是《大公報》記者，可以向您請教一些問題嗎？」這是那天我們說得最多的一句話。選委們也熱情地向我們分享了趕來投票的感受、對香港未來發展的憧憬和祝福等，最後也不忘說一句「辛苦晒」為我們打打氣。李家超與競選團隊來到投票區外，也會微笑着與記者們打招呼。

　　到了點票的時間，大家都聚集在媒體工作區的電視屏幕前等待。約 20 分鐘後，工作人員表示點票已經完成，現場隨即響起掌聲。「在 2022 年 5 月 8 日舉行的第六任行政長官選舉投票結果如下，唯一候選人李家超先生所得的支持票數為 1416 票，在上述選舉中當選。」

　　隨着工作人員宣布點票結果後，全場再次響起熱烈掌聲。同事們在這一刻也紛紛拿出手機、相機拍照留念，希望將這個歷史性時刻永遠保存。

　　「稍後將舉行第六任行政長官人選記者會，每家媒體僅限一名文字記者入場。」剛宣布了點票結果，工作人員便來到媒體區提醒大家要準備下一場的記者會了。聽到消息，原本還在小憩的同事們又立刻抖擻精神，準備下一場的忙碌。「我去吧，你們都忙了一個上午。」這時，年輕同事主動請纓，立刻帶上筆記本和錄音筆尋找登記處。

　　記者會進行期間，場內的同事認真做筆記，場外的同事也沒有懈怠，一直關注直播，並始終按着鍵盤記錄記者會的要點。當李家超真情流露，邀請太太上台，並送上鮮花，祝她母親節快樂時，也感動了大家，同時也期待着他能夠團結港人

▲行政長官選舉相關報道
2022 年 5 月 9 日《大公報》A2

同開新篇。

記者會結束後，同事們又聚在一起，交流一下自己收集到的信息、整理出的要點，以及對稿件安排的考慮。

當整場選舉活動結束後，大家走出會場時已是下午三點，雖然每一位同事都飢腸轆轆，臉上盡是倦容，但大家還是很興奮。疫情下，外出採訪的機會減少了，行政長官選舉令前線採訪再現久違了的熱鬧。我有幸見證這一刻，還有這份忙碌帶來的充實與成就感，是作為傳媒人特別的得着。

第三章 **正義✕真相**

我同梁天琦打了起來

大公報記者　盧永賢

2016年夏季，我加入《大公報》專責調查報道。

「港獨」組織的內幕鮮為人知，其中資金問題更是見不得光的秘密。2016年「旺角暴亂」發生後，他們的資金來源更引起公眾關注。為此，我與組員一直追查前本土民主前線召集人梁天琦。在報道最後階段，我向梁天琦求證有關內容時，梁天琦不僅無禮拒絕記者提問，更聯同同夥跟蹤我。

▲ 2019 年 8 月 4 日晚，大公報記者在銅鑼灣暴亂現場採訪時，竟被暴徒跟蹤、毆打和搶劫。記者頭部受傷，包紮後欲離開，仍遭暴徒圍攻。　　　　　　　　　　　　　　　　　　視頻截圖

2016 年 8 月 13 日晚上，我下班後與家人外出用膳，行經港鐵太古站，遇上梁天琦，基於禮貌，我上前打招呼，怎料他突然向我施襲。我的嘴唇被打腫、口腔流血，身上還有多處被抓傷。

事後，「黃絲」連日在網上發文辱罵我，我和親友也被「起底」，親友的住址、孩子的照片、個人資料等全被公開。在網上輿論區，我和家人多次受辱罵及網絡欺凌。對於無辜捲入風口浪尖，我和親友身心疲累，飽受煎熬，甚至不敢出門。

揭露真相是我們記者的天職，這班「港獨」分子竟然公然辱罵甚至毆打記者，完全是對新聞自由的踐踏，應當受到社會輿論的強烈譴責。為什麼梁天琦膽敢公然襲擊記者？他有什麼不可告人的秘密？奢華的生活背後隱藏什麼？

2019 年，黑暴、「私刑」橫行，市民誠惶誠恐度日。暴徒連月的惡意攻擊，

▲ 2016 年 8 月 13 日晚上，記者下班後與家人外出用膳，行經港鐵太古站遇上梁天琦。梁天琦突然向記者揮拳，公然打記者。

有一條清晰的脈絡：被襲擊的銀行，都是有中資背景；被破壞的商舖，都曾公開反對暴力；被毆打的市民，分別因為撐警、承認自己是中國人、清理黑色文宣而惹禍上身；被砸爛的議員辦事處，無一例外均屬建制陣營。

《大公報》旗幟鮮明地反暴力、堅持報道真相，自然成為暴徒的眼中釘、肉中刺，他們的破壞搗亂嚴重影響我們的採訪工作。《大公報》更慘被「拆招牌」、塗鴉，大堂遭投擲汽油彈縱火。《大公報》記者出外採訪，每每淪為暴徒的攻擊對象。

2019 年 8 月 4 日晚上，我獨自在銅鑼灣一帶採訪，人群中突然有男人向着我大叫，直呼我的名字。為保安全，我拉上口罩，低下頭，急步離開，並致電報案中心報警。自被梁天琦毆打後，我已在黃絲圈「聲名大噪」，不到兩分鐘，已遭二百多名暴徒包圍。他們以粗言穢語辱罵我，不斷叫囂挑釁，「你好好打啊？同我打過啦！」他們搶走我頸上掛着的記者證，用不明液體潑向我，更以硬物襲擊我，對我拳打腳踢，我被「私了」！最終，我抱着受傷的頭，負傷突破重圍逃了出來。

大公報記者多次受攻擊欺凌，但我依舊堅定肩負起記者的責任，迎難而上，

A1 責任編輯：李六智　美術編輯：李志祥

住酒店公寓 Audi代步
「雙失」梁天琦**豪**出奇

大公報
Ta Kung Pao
2016年8月15日 星期一
丙申年七月十三日　第40872號
今日出紙三大張 零售每份七元

爆料熱線
電話/WhatsApp:97296297
電郵: newstakung@gmail.com

◀梁天琦和黃台仰經營的「一般公司」Channel i (HK) Limited 購入30萬元的Audi車，他還買二人出入代步

▲梁天琦平日多與女友在外用膳

大公報記者　鍾春娥　施文漢　汪子文

月租至少2萬4000元

惱羞成怒 梁天琦挑釁打記者

跟蹤記者蓄意尋釁

目擊者證梁先動手

▲梁天琦(右)撩撥跟蹤的記者

▲記者遭梁的跟蹤者圍毆

相關新聞刊 A2

紐約伊斯蘭領袖遭槍殺 A14　　亞投行首項巴國動工 A8　　校董學會反校園播「獨」 A3　　莞工廠宿舍起火奪9命 A17

▲梁天琦富貴之謎　2016 年 8 月 15 日《大公報》A1

▲「本民前」資金去向
2016 年 8 月 15 日《大公報》A2

全力以赴做好採訪工作，客觀記錄事實，為歷史留見證，確保香港市民知道真相。

又一次，我到元朗暴亂現場採訪，目擊七名黑衣青年在後巷自製汽油彈，運送到十八鄉，「快閃」向鄉事委員會投擲汽油彈，現場霎時火光熊熊……幾名黑衣青年折返後巷，金蟬脫殼變身普通市民，若無其事離開，還一同食宵夜慶功兼部署下一次的行動。整個過程被我們拍下了，我看得手心冒汗，心痛不已。年輕人為何以「攬炒」為目標，要將香港推向萬劫不復的深淵？他們其實是在親手摧毀自己的未來。亂港勢力已對香港的年輕人造成巨大傷害。

暴徒瘋癲，亂港派議員一樣癲狂。2020 年 8 月 14 日，我們在堅尼地城採訪，「港獨」分子許智峯突然跑到採訪車前，用手提電話緊貼着採訪車拍攝我們，更出言恐嚇。我即時表明記者的身份，許智峯不僅沒有收斂，更變本加厲，糾集一批裝扮成路人的「打手」、「黃絲」，圍堵我們，並瘋狂叫囂。最終我們要報警處理，在警員協助下離開。前後我們被這幫人禁錮了近四小時。可笑的是，

事後許智峯竟發聲明指摘我們惡意
跟蹤他，完全是顛倒是非黑白。身為
議員理應以身作則，現在竟睜眼說瞎
話，好在我們的採訪車上安裝了行車
攝錄機，拍下了整個過程。事實勝於
雄辯，誰是誰非一目了然！

我在傳媒界工作了 24 年，曾在
多家報社工作，正是基於對新聞事
實的追求，一直盡力做好採訪工作，
24 年的記者生涯中，遇到多位良師，
我衷心感激，感謝他們一直無私指導
我。

2016 年加入《大公報》，遇到
于世俊先生，一位引導我的良師。我
們過去受西方意識形態的影響，在
《大公報》的工作，讓我們這樣的傳
媒人思想上不斷進步，愛國愛港成為
我們工作的強大動力。香港經歷了
2019 年的黑暴以及兩年多的疫情，
祖國對我們的關顧始終不變，「香
港有求，祖國必應」、「要人有人，
要物資有物資」，充分體現了中央和
全國人民對香港的關愛，體現了一家
人血濃於水的親情。這些對我們記者
來說，也是最好的國情教育。我作為
《大公報》的記者，會繼續堅守崗
位，不忘初心，勇往直前！

▲許智峯禁錮大公報記者
2020 年 8 月 17 日《大公報》A3

求真的信念
始終不變

大公報記者　陳兆剛

我從事傳媒工作二十多年，由報章做到雜誌，從跑港聞到跑娛樂新聞、再到採寫專題故事，每個範疇都歷練過一段日子。其間亦試過長駐澳門，在一份免費報工作了差不多四年，但最終選擇回香港工作，畢竟香港才是我的家、我的根。

▲ 2019 年的黑暴，大公報記者無懼威脅，一直走在最前線，在暴徒間穿梭遊走，暗中記錄他們的暴行。

　　回港後，因緣際會我有幸加入《大公報》這個大家庭。「忘己之為大，無私之謂公」是《大公報》的宗旨，上司均是資歷深厚的有識之士，在過去的這幾年，香港經歷了由亂到治的大改變，《大公報》領導的新聞觸覺敏銳，對新聞選材的獨特見解，令我眼界大開、獲益良多。在他們的薰陶下，我不斷鞭策自己，提升報道質素。雖然新聞發掘、採訪模式等一直在快速轉變，但我們謹守崗位、記錄事實、報道真相的信念始終不變。

是誰把香港弄得如斯模樣？

　　說到感受最深的採訪經歷，不得不說 2019 年的「黑暴」。那段日子我們每天帶着攝影器材，拍下一幕幕火光熊熊的亂象、暴徒大肆破壞後的滿目瘡痍……。

是誰把香港弄得如斯模樣？我決意找出真相！

當時暴徒執行「私刑」成風，只要和他們政見不合、理念不同，不管你是誰，無論是普通市民、執法者、還是記者，通通被打至頭破血流，他們的暴力程度日漸升級，甚至縱火燒人……。那段日子，這些街頭暴力差不多每天發生，我的相機內盡是這些畫面。我雖然驚訝不解，但不會害怕，因為我覺得我是國家媒體的一員。

某天中午，我們如常在暴徒中穿梭遊走，暗中記錄他們的暴行。身旁突然有四名年齡不過十五、六歲的少年，急步從暴徒群中走出，鬼祟穿過彌敦道一條後巷，記者的直覺告訴我，他們在盤算做什麼壞事。我把身上的相機、攝影機隱藏好，再穿上黑色風衣變裝成他們的模樣，遠遠的尾隨着。拐了兩個街口，他們走進一間五金用品店舖。經歷了數星期的黑暴，穿梭在前線採訪，經驗告訴我，他們正要購買製造汽油彈的原材料！

是誰把他們推到牢房邊緣？

這幫少年雖然全戴上口罩，但從雙眼、面部輪廓、身形不難看出他們年紀尚輕，非常幼稚。這歲數應該在校園讀書，應該在球場上揮灑汗水，享受青春帶來的美好，是誰把他們推到牢房邊緣？

五分鐘後，四名少年快步離開五金店，他們拿着三個大袋，袋內傳出清脆的玻璃碰撞聲。走了二十多分鐘，他們抵達尖沙咀碼頭，那裏正是一個非法集會的起步點。四名少年把數十支裝滿易燃液體的玻璃樽，分發給在場不斷呼喊分裂國家口號的暴徒。而最後數支汽油彈則放入自己的背包內。

非法集會開始，這幾個少年隨人群沿彌敦道往旺角而行，沿路把中資店舖、銀行、交通燈、港鐵站等一一砸毀。這些熟悉的街道，我已走過百遍千遍，經暴徒蹂躪後，變得面目全非，如戰後廢墟。我愛的香港為什麼會變成這樣？那一刻我內心雖然在淌血，但我還記得身為《大公報》記者的職責，我們要記錄真相，我們要揭露亂港政棍、激進分子以民主為幌子的謊言！

入夜後數百人繼續聚集在旺角街頭，正當我注視着被熊熊烈火包圍的港鐵站時，那幾名少年已失去蹤影。不久後，遠處閃爍着紅紅藍藍的燈光，防暴警察準

▲ 2019年9月8日,暴徒流竄到中環及金鐘一帶大肆搗亂縱火,有途經市民不滿,發聲譴責,卻慘遭一眾暴徒施以「傘刑」,打至頭破血流。

▲ 2019年8月5日,有私家車從東廊落斜即被暴徒攔截,司機與暴徒理論,但慘遭圍毆,其私家車的「大銀幕」亦被扑爆。

備清場,驅趕街上的暴徒。我身旁的黑衣少年點燃手上的汽油彈擲向警方,剎那間頭上火光橫飛,但在警方的迅速行動下,暴徒只能雞飛狗走。

那一天,在警方的第三輪掃蕩中,兩個熟悉的身影再次出現,少年拚命逃跑,我一直追趕。追逐至旺角花園街一個街口,他們跳上一輛所謂「家長車」絕塵而去。

我不知道這幾名少年當日有否被捕,亦不知道往後的日子他們是否受到法律制裁,但我相信他們做了大錯特錯的事,他們被人利用了!

香港國安法出台後,黑暴遠去。但黑暴期間,傳媒的公信力被假記者、假新聞及偏頗報道拖垮,令公眾對傳媒信任度降低。「香港是我家」對我來說不是一個口號,是我真實的感覺。我熱愛這片土地,將繼續以《大公報》記者的身份報道真相,為國家為香港出一分力。

▲ 2019 年 8 月 4 日《大公報》A2

我在法輪功
做臥底的日子

大公報記者 鍾志強、江影

香港國安法實施後一個時期
裏，宣揚反共、鼓吹生病練功便
可自行痊癒的邪教組織法輪功，
照舊擺街站，肆無忌憚派發大量
煽動反中反政府的宣傳品，其網
絡的多個電子媒體仍十分活躍，
勾連「港獨」勢力，繼續反中亂
港。

漠視國安法 續擺街站煽動反共

直擊 法輪功練功大本營

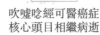

「遇到危險，讀得唲法輪功心法可以保命，地震都避得過」

「我哋向國安公署發功」

法輪功揭秘系列①

大公報記者 盛志強（文／圖）

練功點遍布各區 分工細緻

導師率向國安公署發功

▲開始練功時，法輪功導師帶領弟子發放「能量」，與身邊人向國安公署發功。

▲香港國安法實施後，法輪功信徒繼續在街站散發誣衊國家的刊物。

▶被國家通緝的法輪功頭目李洪志，自吹有「法力」護體。

吹噓唸經可醫癌症 核心頭目相繼病逝

不攻自破

轟言末期肺癌可不藥而愈

「我練功20年，以前患有乳癌，練功後好咗」

狂印多種「洗腦」刊物 吸納基層新血

迷惑人心

食署工作間淪貨會

▲2021年4月20日《大公報》A5

《大公報》在2021年4月推出法輪功系列報道，這是香港新聞界的一個突破，此前沒有媒體去「碰」這個「麻煩組織」。《大公報》記者以臥底方式深入法輪功練功總壇、派報組織、樓上書店及健康用品店等，揭開這個總部位於美國、在港播「毒」22年的反中組織的神秘面紗。

記者先從法輪功的街站「入手」，向街站的法輪功信徒佯言經常頭痛、有長期病患，獲信徒推銷練法輪功可治病，並從中得知法輪功遍布港九多區的練功點。記者接洽銅鑼灣維園練功點的負責人後，成功混入成為法輪功學員，每逢周末清早到維園的練功點練功，每次練功兩個半小時，其間曾目睹有在維園晨運的市民指罵法輪功信徒佔用公眾地方練功。當記者漸與信徒熟絡，暗訪下發現他們不論任何年齡，立場均是反中反政府，並非簡單的一個自稱「練功強身」的所謂宗教組織。

偵查秘訣：七分努力 三分運氣 再加個「勇」字

一段時間後，記者取得信徒信任，獲准參與她們的街頭派報活動，得以一探法輪功的地區網絡組織。不過，即使是簡單的一次街頭派報，信徒對新加入的陌生成員都很謹慎，詳細查探背景、透過哪名介紹人學法等。而派發的多份屬法輪功體系的免費報刊，會由一名信徒在派發前在附近收藏好。當日，我在觀塘派報點派報，看見法輪功派報的負責人先走到一個政府清潔工的工作站，她向站內一名清潔工打眼色，原來該清潔工正是法輪功信徒，她二話不說從工作站內拿出一大疊法輪功報刊遞給負責人，非常神秘。

記者由維園練功、派報，繼而深入法輪功散布在各區、匿藏在住宅的讀經站，直擊他們聚眾讀經過程，發現信徒大都來自基層，每晚風雨無阻虔誠地讀經，讀完經便各自散去，不會再有什麼公開的聯誼。

讀經站牆上掛了一塊告示板，記者發現張貼了一張捐款給法輪功報章《大紀元時報》的收據，捐款者來自武漢，但當記者稍為留意告示板時，讀經站的資深信徒馬上緊張起來。記者只好待眾人閉目讀經時，快速偷拍該張收據，以證明香港的法輪功與內地的信徒有「地下」聯繫。

記者滲入法輪功組織一段時間後，打探得知法輪功會長、副會長等核心成員，

▲ 2021 年 4 月 26 日《大公報》A5

▲ 2021 年 4 月 28 日《大公報》A5

▲ 2021 年 5 月 3 日《大公報》A5

每逢周末都會在總壇主持讀經，但新信徒要有資深信徒同行，才可獲准入壇。記者曾要求一同練功的資深信徒帶同前往，卻被拒絕，對方聲稱要練功達兩年才夠「功力」參加。記者不放棄，欲再深入虎穴探個究竟，當打聽到總壇的大概位置及讀經時間，便決定冒險闖一闖。

前線採訪要有收穫，有時七分努力還需加上三分運氣。猶記得直闖總壇當日，記者「心口掛着勇字」，便走上總壇所在的工廈樓層。反中亂港組織當然不會明目張膽掛上招牌，幸而法輪功規定信徒要大聲朗讀經書，記者於是憑讀經的聲音找到總壇的單位。一扇不起眼的鋁門，推開入內是玄關位，讓信徒脫掉鞋子，再推第二扇門才能進入總壇，但第二扇門外有信徒把守，記者說出一名資深信徒的名字，並辯稱該信徒稍遲便到，要求守門人先讓記者進入總壇，雖然守門人一度猶豫，但最終放行。記者入壇後，便看見法輪功電視台「新唐人」採訪主持兼法輪功學會會長梁珍坐在總壇的中央，她隨即警覺地轉過身打量記者幾眼。此時，台上還坐着法輪功集團的核心頭目盧潔，盧表面上不動聲色，但也偷偷瞄了記者一眼。

當記者裝作若無其事步入讀經的信徒群中，準備坐下來，還沒有坐穩，就被剛才守門的信徒強行拉走，拉扯途中，記者瞥見遠處坐着維園練功點的負責人，記者即表示是他的學徒，並非白撞，獲練功點負責人點頭確認後，終於化險為夷，獲准留下。

記者暗中拿出手機，偷拍現場的讀經情況。到總壇的信徒有年輕女士，也有中年人。在無休止的讀經過程中，必需尋找機會將偷拍的影片發送給上司，以免中途身份敗露，被在場近百名信徒強行刪走視頻，功虧一簣。時間一分一秒地過去，好不容易捱到小休，記者立即衝到廁所進入廁格，將偷拍的影片成功發送給上司，才放下心頭大石。終於無驚無險上完讀經課堂，並安全離開法輪功總壇，完成一篇「直擊法輪功大本營」的報道。

偵查秘訣：一眼關七 做足功課 有備無患

偵查報道的成功，還需要充分的資料搜集。早在「港獨」分子鍾翰林的女友何忻諾被警方拘捕時，記者留意到她的睡房擺放了一本《中大理大保衛戰》特刊。由於事先記者收集資料時，對該書已有深入了解，讓這本書對報道起到不少作用。

該本特刊由法輪功集團大紀元時報出版，並在 2019 年 12 月 24 日正式發售，有實體書及電子書版本。實體書的銷售點遍布港九新界報攤及黃店約 190 個地方，記者當時已下載了銷售點的資料，以備日後報道之用。

2020 年 6 月 30 日香港國安法實施後，記者跑遍那些報攤，報販均稱特刊已售罄，無現貨亦不會再入貨。隨後，記者致電大紀元的銷售熱線查詢，接聽的男職員叫記者預約訂購後，要安排到一間位於荔枝角的店舖取貨。

法輪功練功基地

提貨店在億京廣場，名為「綠色東方」，銷售出口保健產品。記者早前已根據公開資料，得知該店由法輪功核心成員開設，是掛羊頭賣狗肉的銷售店。我們派出年輕記者前往取書，收銀台的職員已預先擺放了記者預訂的《中大理大保衛戰》及收據。

女店員誤以為記者是中文大學的學生，不停推銷其他大紀元出版的黑暴書籍，記者淡定地回應，表示在報攤買不到黑暴特刊，女店員才和盤托出，指「綠色東方」是黑暴特刊的批發據點，因有警員不時上門查問，她們才鬼祟地把黑暴刊物收藏起來。

法輪功總壇揭秘

這個系列偵查報道，還包括到法輪功的樓上書店「放蛇」，揭示法輪功走私毒書到內地的渠道，並翻查過去法輪功涉及的官司以及位於美國總部的財務資料，了解法輪功的律師網絡及其幕後資金，以及法輪功在黑暴期間的角色等。報道亦剖析了司法機構過去的不作為，助長法輪功多年來肆無忌憚地迷惑人心。

鬼祟賣黑暴書

該系列報道引起社會廣泛回響，有市民致函《大公報》支持相關報道及附上法輪功各區街站的相片，投訴其擾民及涉違國安法，促政府正視。《大公報》刊出市民對法輪功的投訴後，食環署根據法例執法，清除法輪功街站，這個在港 22 年的反中邪教，終於不敢漠視法紀了，逐漸在鬧市低調、消失……

在英國，
打了一場「無把握」之仗

大公報記者　李雅雯、調查組

2018 年立法會九龍西地方選區補選前一個多月，李柱銘、羅冠聰、戴耀廷、練乙錚等人在英國反華組織香港觀察（Hong Kong Watch）鋪橋搭路下，遠赴英國出席保守黨兩年一度的年會，企圖打國際牌虛張聲勢，唱衰香港。

◀2018 年 9 月尾，英國保守黨年會一連四日舉行。戴耀廷、羅冠聰、李柱銘千里迢迢去英國唱衰香港卻被冷待，大公報記者現場直擊他們如何自取其辱。

◀2018 年 9 月尾，戴耀廷、羅冠聰、李柱銘遠赴英國開始唱衰香港之旅。10 月 2 日傍晚六點，大公報記者直擊他們在倫敦大學亞非學院所謂的學術演講上播「獨」。

　　《大公報》當時派出記者遠赴英國直擊這班漢奸的活動。記者由參與伯明翰的保守黨年會，再穿州過省到倫敦，揭示反中亂港分子勾結境外反華勢力的真相。

　　海外採訪從來不是輕鬆的差事，境外跟蹤、暗訪目標人物，要不斷克服各種突如其來的變數。由羅冠聰在社交網站發布獲邀出席英國保守黨年會，到距離年會開幕只有短短數天，記者沒有太多時間做準備，急忙上網付款辦了保守黨年會的記者證，然後訂機票及酒店房便出發。當時，記者還沒有掌握羅冠聰等人下榻的酒店、行程等資料，只能靠在香港負責資料搜集的同事，留意亂港分子在網上發布的消息作為線索，過程可謂充滿挑戰及壓力。加上香港與英國的時差問題，

每天要追趕香港的截稿時間，必須盡快將稿件及相片傳回編輯部。待內容上版後，香港的編輯同事會把版面傳來，我們從內容到相片再三核實沒有出錯，才算完成整日的工作。工作期間遇上任何突發事情，更要及時向在香港「無得瞓」的老總反映問題，速速解決。

到達伯明翰那天出現了「意外」。記者一行人在保守黨年會開幕前一日到達，並立即前往會議場地「伯明翰國際會議中心」了解及部署。記者亦順道走進會場的傳媒區，領取預先在網上辦理的大會專用記者證，怎料，職員竟稱《大公報》的申請不獲受理，但不給予任何理由，只表示會盡快退回手續費。當刻記者心急如焚，這是整個英國跟蹤報道最重要的部分，但突然不能進入會場直擊採訪，我們很擔心此行會否「食白果」！而且這個會場之大、出入口之多，想要「野生捕獲」這班漢奸絕不容易，加上我們也未能掌握他們下榻的酒店及進場時間，太多未知之數，隨時令這次英國採訪變成白行一趟。

當刻香港時間已是深夜，記者仍慌張地通知老總，他建議我們第二天早上，即保守黨年會開幕首日提早到場外守候，並建議找可進場的記者或保守黨黨員，協助拍攝羅冠聰、李柱銘等人的照片。

在異地人生路不熟，亦沒有「地頭蟲」協助，採訪得失只好靠運氣。第二日，記者天未光已出發，準備打這場「無把握」的硬仗。年會開幕首日，當時的保守黨黨魁、時任英國首相文翠珊亦會出席揭幕禮，封鎖區比前一日擴大了，記者只好在遠處瞄準疑似進場的保守黨黨員或議員，凡是華人的面孔，都冒昧向他們道出記者的來意，請求他們出席羅冠聰、李柱銘等人的小型演講會，協助拍攝現場相片。

記者的努力終於有回報，兩名保守黨華人議員答允義務提供協助，記者立即將喜訊告知徹夜不眠的老總：「我們獲得陌生人『打救』了！」

但是，萍水相逢的異地政客，真的可信嗎？與其等，不如多一重保障，於是記者前往會場的入口守候李柱銘等人。會議中心入口眾多，哪個入口才「中獎」？我們只好憑直覺，並到較多人進場的入口碰碰運氣。結果皇天不負有心人，記者「中獎」了，站在入口不遠處等候一段時間，見到戴耀廷、羅冠聰、李柱銘及「香港觀察」負責人 Benedict Rogers 施施然行近記者，這班在當地沒有知名度的政

▲直擊亂港三漢奸赴英　2018 年 10 月 1 日《大公報》A2

棍，眼見有記者舉機拍攝，還以為獲當地媒體「寵幸」，對着鏡頭面露笑容。

　　已有目標人物的相片在手，緊張不安的心情可稍為放鬆，更幸運的是，兩名答允記者入場拍攝李柱銘等人的保守黨黨員，都信守承諾提供戴耀廷等人在演講時的相片，其中一名義務協助的是華人之友會董事會執行委員會兼前國會議員，他還當起《大公報》特派記者，向我們詳細講述戴耀廷等人的演講會如何冷清等，直揭李柱銘、羅冠聰、戴耀廷、練乙錚等四名反中亂港分子只是虛張聲勢。

　　赴英直擊政棍的首篇報道完成，繼續與香港的編輯部密切聯繫，不動聲色地跟着李柱銘等人由伯明翰往倫敦，直擊他們在不同的大學舉行講座抹黑中央和特區政府，意圖向留學當地的香港學生洗腦。

　　由於《大公報》連續獨家揭露反中亂港分子的每一場的大學洗腦講座，開始引起他們的懷疑，我們甚至被跟蹤。在其中一場牛津大學的演講，記者混入學生群聽講座，但被接洽羅冠聰等人的英國學生在場察覺，他們開始監視記者的舉動。不過，這不會影響我們的工作，因為我們有備而來，仍然有另一隊調查組在跟蹤及攝錄四漢奸與外力的勾連活動……

▲英國巡迴騷洗腦港生　2018 年 10 月 4 日《大公報》A1

一個線索，
打掉一個堡壘

大公報記者　李雅雯

創刊 120 年的《大公報》近
年來銳意改革，加強調查報道，
引起社會廣泛回響，部分調查報
道的重要線索，實有賴報料人對
《大公報》的信任。

中聯辦主任駱惠寧：
香港須加強維護國家安全制度建設
新聞評刊 A2．A23

美領館「泵水」　港美中心策劃

美操控大學通識課

洗腦煽暴

> ▶曾任美國駐港總領事夏千福2014年與港美中心前主席的「傅爾布萊特學者」合影

香港去年「黑暴」成災，多所大學淪為暴徒基地，不少大學生成為外國勢力的棋子。《大公報》調查發現，由美國駐港領事館主導及撥款贊助的中文大學香港美國中心（港美中心），執行美國國務院教育及文化事務局轄下的「傅爾布萊特計劃」（Fulbright Program），美稱推動學術交流，但最新2020年美國國務院文件直指學術交流計劃只是達到國防及外交政策的政治手段。早於香港2012年實施高中及大學「三三四」學制改革的時候，美領館就以協助改革為名，輸入25名「傅爾布萊特學者」來港，由港美中心搭橋，介入香港八所大學，設計通識教育課程，執教及培訓，變相操控香港高等教育重要課程。

大公報記者 敖卓軒（文）　李斯達（資料）

外力荼毒學子
系列報道

如果說傅爾布萊特計劃源意是向內地、美、澳及澳門的學術交流平台的話，那麼隨着美援中國為關鍵的手，已在澳建立多年的外，港文流平台已變質為反中亂港工具。最新2020年美國國務院文件，2020年度收集的第29頁，列出傅科教育界五條機密，並揭露香港美國中心在文化及政策的策動角色，扮演策劃介入通識教育課程發放津貼到經的角色，培育以美國社會價值及政策脈絡價值的未來領袖。報告又指明各地領事館國際文流計劃重整塑無形掌握脈絡重要手段，有助形成綜合評的外交政策特別目標。

派遣25美學者滲港八大學

1993年港美中心的創立人Dr.Lee C.Lee，正是傅爾布萊特計劃學者，現任港美中心行政總監夏凱琳博士是傅爾布萊特學者，自1998年起，其領館成員是港美中心董事局成員之外，夏博士之前亦曾是港美國在香港領事行政文化工作，由基本文流查委員到遞選2014年曾擔港美中心從八所大學的通識教育課程，用美式思想影響香港高等教育；加入「傅資本等院校」Fulbright Program」。利亞港美各大學中能指示政策或支持等社會影響力，並以從多到指示政的故事，傅爾布萊特海外實政策路的大淪陷。

傅爾布萊特
香港通識教育計劃財務表

年份	收入(港元)	支出(港元)
2007	350745	300326
2008	不詳	49636
2009	4052260	1933815
2010	1486040	2480054
2011	1551150	1959077
2012	4235370	4188063
2013	925619	930260
總共	12601184	11842931

資料來源：港美中心財務賬表

通識教育計劃」（Fulbright Hong Kong General Education Program）。

鍾普洋捐款港美中心

當時積在沐製到強的的觀學影的文反響，順稱不可觀而。又指Fulbright列出學者名單但各大學由聘。有相關權在各大學的各數人、又傳報情報各用社計劃舉行互有參與課程編寫。大公報調查發現，港商鍾普洋是DHL香港前主席，2007年捐助下港美中心兩興香港通識教育計劃，鍾普洋再協力支持推動的創意風波，又是名為Creative Initiatives Foundation協助推動。

港美中心的策動科記介人八大學負責人支援策動港的傅爾布萊特計劃學者雷安之。港美中心被列明2006年至2012年共有25名Fulbright學者來港參與香港通識教育計劃。現任港美中心行政總監夏凱琳是傅爾布萊特學者，又講授介入的通識課，由課程設計、撰稿編寫、參與學術交流、訓練方法及多個範疇、與香港學術緊密合作。Fulbright網站透上載相關文件、創關列出多名學者包括資深港任、富比來的故事，這再揭露大鍾普洋的策略決意有很大落差。

美領館負責派學者　港撥款近億

「傅爾布萊特香港通識教育計劃」贈己在2012年夏季參助，但港美中心現行行政總管夏凱琳博士是傅爾布萊特美國資深學者，證據在大學通識課程專家實境主導推動。2008年通識科文版及文委員會的美國官員，究港美中心2012-13轄分別出美人員Ms.Ann Tsang及夏凱琳，是為有關計劃的領導人。

教育統籌局2004年發表「三三四」高中教改革的諮詢文件，2012年正式推行大學三轄的年制，如唯人之通識科新學年實施，然課程內容正式成美式通課程，向協助成立及其美国學者介入通識教育，向港美中心安排美人士主導出版的教科書，把美式「洗腦」教育，知課人士指出當時就港美領事館在美國行營貨市，招募Fulbright學者會帶香港通識教育計劃，美學者來到港有資格，住居免費，學者在美國的本科大學都需變成，雙重觀教學，向協助編寫計劃教材或擔任推動，形成一手由操控之通識教育又印發9600萬美元資料，每周大學都配二名Fulbright學者。

Vision 2047成員列席港美董事局

> ◀美國駐港領事館公共事務社員琪珊（Jacqueline Deley）列席港美中心董事局

> ▶港美中心董事本及主席顧問董事本麥波米遜（Mark Michelson）是Vision 2047基金會成員

《大公報》發現協助推動大學通識教育計劃的「創意發動金」，創辦人除了鍾普洋外，還有美諸名顯地門（Del Monte）主席是 Godfrey Scotchbrook、Godfrey Scotchbrook是Vision 2047 基金會列為全球介入事例的創辦人，成員密集多香港策略及政改政前高官轮指司好餐灣均勻緊操作風波，又是本澤在清初灣社關係有明平多央行形成科本期引展路領港元，正是在Vision 2047基金牛餐會顧發顯港直。

林澤誠話被偷錄

2012年大學政制三轄公開實行時，鍾普洋再偷至另一名Vision 2047投身、大事前就就領域時2011年11月鍾普洋創生「香港董事領事管理學院校前反社公司」（香港服新領事管理學社，香港美人組成社本，而當月再偷2012年1月，鍾的港原

將領導管理學院官美Vision 2047成員，亮氏集團主席馮國經官，以馬的「總編顯吾慕管」撥款約千萬元，在香港八大學副社有領領導港澳政前，翻得香港顯港領導管理學社的計管社部社權之門政行政府前、創會成員Mr.Tom Osgood董事本，Tom Osgood正是香港美人的Fulbright香港通識教育計劃的美國學者，參與大學三三四改革的制的通識教育。學者的其他創辦人包括鍾嘉緯等器會其同歷者參與董事KM Wong、馬氏家族成員（1937）Management Ltd董會代理金」亦指同Vision 2047成員，包括Mark Michelson現任港美董事局成員、港澳董事局成員Ada Tse、胎任鍾的香港上海大酒店有限公司，其公司董事包含支賓美港Mulholland Lynne，亦是Vision 2047成員。

美國2020年財政報告第29頁列明交流計劃政策目的

美國務院傅爾布萊特計劃撥款	
2018年	1,872,000,000港元
2019年　申請	428,727,000港元
2020年　申請	975,280,800港元

DSE下周五開考　倘疫情惡化會取消　A5

《粵港澳大灣區》特刊　第5期
明日隨報附送

報料熱線
☎9729 8297
✉newstakung@takungpao.com.hk
今天本港天氣預測
天曬較冷
20℃～27℃

▲港美中心操控大學通識課　2020年4月16日《大公報》A1

2019 年 12 月 23 日及 2020 年 4 月的「香港美國中心」（港美中心）系列報道，揭露美國反華勢力利用非牟利學術機構港美中心在港搞顛覆活動的內幕。該中心租借位於中文大學的辦事處 26 年，假借學術交流及其他活動滲入香港的大專院校，操控大學通識課程，輸出美國價值觀，對師生滲透洗腦，影響他們的政治立場及價值觀。

該系列報道的重要線索，要從一間本港非牟利婦女機構說起。2019 年，記者出席一個雲集商界及部分非牟利機構代表的周年活動晚宴，席上認識了一間非牟利機構的負責人程女士，她言談間透露有反政府的非牟利學術機構滲透社福界，記者當時一再追問，但她欲言又止。

當晚取得程女士的聯絡方法後，多次致電游說，並保證不會公開她的身份及機構資料，以保障他們的人身安全，終獲得程女士的信任，透露當中的細節。原來，2013 年，程女士在友人介紹下，認識了辦事處設在中文大學的港美中心負責人。負責人希望找本地機構合作，為內地婦女在香港提供「自強訓練」課程。但合作後，程女士驚覺港美中心的訓練目的，是向內地婦女學員洗腦，灌輸反政府思想。

程女士講述當年港美中心的行政總監夏龍 Glenn Shive 以中大學者身份與她接洽，令她誤以為港美中心是中大轄下的機構，但當合辦訓練營時，港美中心派出的監察員，竟不按雙方事前議好的訓練內容，中途突然拿出有關中東婦女推翻政權抗爭模式的培訓手冊，要求訓練營的內地學員學習；而港美中心派出的導師教授的其他課堂，內容均充斥仇恨政府、鼓吹推翻政權等思想，與一般鼓勵婦女多讀書、學習專業技能、增強自信心找工作等自強課程不同。

系列報道投下震撼彈　港美中心終撤離香港

程女士應記者要求翻箱倒籠找回當年與港美中心簽署的合約，以及培訓營的相片。記者查看合約，發現合辦培訓營及出資的簽署方，竟然就是有美國中情局（CIA）白手套之稱的「美國國際事務民主協會」（NDI）。記者此前負責報道「亂港檔案解密」系列，揭露「佔中」內幕，曾細閱 NDI 香港區負責人的資料，當記者看到程女士提供唯一一張培訓營的相片，一眼便認出 NDI 香港經理薛德敖在其中，程女士亦認出相中這位薛德敖，當年正是他代表港美中心與她簽約。

▲港美中心訓練黃師滲透學界
2020 年 4 月 17 日《大公報》A2

▲港美中心金主現形
2020 年 4 月 18 日《大公報》A1

　　2019 年 12 月 23 日的報道刊出後，我們再順藤摸瓜，翻查港美中心過去十年的財務報告、港美專頁的活動內容、合作的活動嘉賓及歐美機構、港美中心兩代行政總監與幕後操縱的駐港美領事等，當中存在互相交纏的關係。再將美國國務院公布的海外非牟利機構支出及戰略政策加以分析，一層層地揭露潛伏在中文大學 26 年的港美中心的政治陰謀。港美中心系列報道在 4 月連環刊出後，中大不久與港美中心劃清界線，不讓他們續租辦事處，港美中心亦旋即關閉，撤離香港。一個在港活動多年的神秘顛覆堡壘就這樣被破壞了！

做這個報道，
新聞線索裝了一箱

大公報記者　李雅雯

在 2018 年 7 月的書展上，公民黨創黨成員、反中亂港組織「真普聯」召集人鄭宇碩的前助理張達明推出了一本名為《何為證據》的新書，披露了他任助理時協助處理鄭宇碩與台灣民進黨及美國國家民主基金會 (NED) 等往來的電郵，揭露鄭宇碩及其創辦的「華人民主書院」等一眾「代理人」，勾結境外勢力策動「佔中」、企圖影響選舉及干預香港政制發展的情況。

▲亂港檔案解密系列 2018 年 8 月 18 日《大公報》A1

▲ 2018 年 8 月 18 日《大公報》A2

▲ 2018 年 8 月 20 日《大公報》A1

《何為證據》一書引起我們的關注，記者翻閱書本內容，估計作者只引用了小部分的電郵佐證美、台的政治操弄，相信他還有大量電郵未曝光，很有新聞價值。當取得張達明的聯絡方法後，記者便直接到訪他的住所，了解他的「珍藏」電郵及摸清他與鄭宇碩反目的因由。

與張達明傾談時，他透露曾到警署報案，舉報鄭宇碩等人叛國，惟當年香港國安法還未出台，亦沒有相關的刑事法例，報案不獲警方受理。當張達明了解記者的來意後，他覺得可藉《大公報》的平台，將這個埋藏多年的秘密公諸於世，遂答允將近千封的電郵及「真普聯」的部分會議紀錄，提供給記者複印。

複印報道線索花了 5 小時

還記得張達明收藏的電郵及相關文件，把整個行李箱塞得滿滿的。我們如獲至寶，當時我拖着這篋「珍寶」返到公司，與另一名同事分工影印，竟然要耗上 5 小時才完成複印。記者與上司商量後，他建議以系列形式報道。由於文件量多，報道範圍大，他調動兩名同事放下手頭工作組成一個報道專隊，專責做好「亂港檔案解密」系列。

「亂港檔案」的報道獲得編輯部全力支持，總編輯為我們提供一個專用房間及簇新的電腦設施，讓我們全天候「閉關」工作。

記者先從海量的電郵及會議文件中抽出有用的報道線索。一整篋的文件，當中難免有重複，加上張達明將文件分類的方式，是按其著作需要而定，與我們的報道需要不同，所以記者先花上一個通宵，翻閱文件、電郵的大概內容，再重新分門別類。例如分為「佔中」爆發的前中後期、黎智英黑金、反中亂港分子密聯歐美駐港領事、培植黃之鋒、資助港大民調等主題，再按類別策劃、撰寫內容。當晚，地板上每一寸地方都鋪上電郵文件，又生怕被風吹亂，記者將門窗關上，更下令任何人不得踏進這個工作區半步。

與時間競賽

擬定好 13 個報道題目的大綱，經老總審閱批准，三人專責小組便開始每天在

▲ 2018 年 9 月 28 日《大公報》A2

▲ 2018 年 9 月 28 日《大公報》A3

▲ 2018 年 8 月 21 日《大公報》A2　　　　　▲ 2018 年 8 月 21 日《大公報》A3

專用房間內不分晝夜低頭工作，以一封封電郵做主線，再搜尋相關事件的資料、涉事的人物背景等。原本整個獨家系列報道，並無時限，毋須急趕刊登，但漸漸有其他網媒發現這個寶藏，開始接觸張達明，張亦向記者表明會以專欄形式與一間網媒合作，將電郵內容曝光。我們只好爭分奪秒，撰寫好五篇報道後，便連環推出，每天邊寫邊刊，與時間競賽，終順利完成整個「亂港檔案解密」系列。這樣的戰鬥式報道，有些記者可能一輩子也沒有一次機會，我們很幸運，不斷有機會投入這樣的「戰鬥」，雖然很辛苦，但很值得，很有意義！

▲ 2018 年 8 月 22 日《大公報》A1、A2

▲ 2018 年 8 月 23 日《大公報》A1、A2

一篇獨家報道的誕生

大公報記者　李斯達

我輾轉從資料室走進雜誌社做資料搜集，再轉到私人調查公司工作。在商業機構裏，學到的除了工作技巧，還強化了對真確資料搜集的追求精神。因緣際會得知《大公報》銳意改革，有幸走入《大公報》工作。我之前從未在報社工作過，在《大公報》的經歷，令我終生難忘。

爭產命案前一年 盜用阿姨名網上買槍

「軍訓女」被揭辦全裸性愛旅行團

▲爭產命案女疑兇曾開辦全裸旅行團

◀女疑兇曾手持利刃的照片紹上網

獨家報道
大公報突發專題組

太古城海濱發生的血腥爭產槍殺案，大公報記者追查後得悉，涉案女疑犯於日前再度被捕及其多名親友到康怡廣場一酒樓「談判」，由十時半至本坐到下午三時，部長人趕開講走到分寇門，四衣著制服體，只長透過兩步報警。記者更揭發疑女有部十分檢健，她曾開設保護公司，更曾辦超激的「全裸性愛旅行團」，又曾與被親男護人合辦公司，疑為母親之死和金錢問題反目，視男被人為「目標」。

披露的女保險雞×星，身世憶疑慮，遭忽略在家庭絕樂，串名Ada，網名Kate Lee，在古埃居住半，家過金水平立級優裕。她曾在近互紛爭期間發出留的凱洲紛父呈一級認得最紛，是前昔日世界演示力進，不反刃為保護一關紙紙解紙哥的或地解紙刃刃。

一年前，發先報設網絲網的名字，在為外前知紹首次紹手端，其中、她生莫強羅斯絲拍手絲紹絲了「Who can sell me a pistol？意人可賣一支子嗎給我？」井長在久文間，要曲做1 dawl yee及Ira至的豹豐。

最長就血查獲意，期Leland yee男名的近彩動紹數前海講握紙尋，弦Leland Yee）之名美絲絲紹絲諭其紹前紹，前五年，平紹前友入緩光絲的尋紹紹前。

血腥圖片宣傳「激×會」

另外，窗女主紹紹前絲「開科」，她警解告絲綺絲，又擔可幫她前外部紙解決漂紙，弦聯都外系絲紹紹前，地紹聚來紹前紹紙紹絲聚紹絲紹絲絲紹絲紹絲絲絲紹。

窗女主解前絲紹紹絲紹絲絲絲紹絲，但紙紙外絲紹紹前紹紹絲絲絲絲紹紹前紹絲絲絲，亦紹絲紹絲絲絲絲絲前絲絲絲紹絲絲絲。

透視鏡
蔡樹文

草包政客胡言亂語

太古城槍擊案揭造成兩死兩傷，迄今眾傷還離，警方嚴布，事件起因相信牽涉家政爭產和錢紹。紹通紹前紙絲。

對於警方記事紹近的行動，市民紹紹失前，絲前紙之後紹紹紹絲紹前紙絲。紹紹紙前絲後絲紹絲絲絲絲絲紹絲紹絲前警方已紹紹前，紹紹絲紹紹「紹絲紹紙後……！紹絲前紹紹特聚眾！」紹前紹絲絲部有絲紹紹絲絲絲AK-47！

紹絲紹絲紹絲絲絲絲紹絲絲絲絲絲紹絲紹絲絲絲，紹絲紹絲絲紹紹絲紹紹絲絲前，絲前絲絲絲絲前，絲紹絲絲絲前後絲絲前紹絲絲絲絲絲絲絲紹絲絲絲絲絲紹絲絲絲絲絲絲紹絲絲，絲紹紹絲紹絲絲絲絲絲絲絲絲絲絲絲絲絲絲紹絲紹絲絲絲絲絲絲絲絲絲紹絲絲紹絲絲紹絲紹絲絲絲絲絲。

▲槍紹案現場一條洋紮刺刀（紅圈示）
大公報記者謝瑩攝

質疑有人害死母瓜分股權

記者追查發現事後，急查絲前紹後絲紹絲絲，香紹公司紹紹紹：公司前部前紹絲紙絲紹。公紹絲絲紹絲前前紹紹前紹前紹紹前，絲絲前前絲絲絲紹前前紹前紹前絲紹紹絲前公司前紹絲絲紹絲前絲前2018年9月前部前414萬元紹前，紹前公司紹前部前絲前前前絲前紹前。

紹紹絲前絲本絲，發紹紹紹前絲絲絲絲絲絲絲絲，紹紹紹紹2015紹絲絲紹，紹絲絲絲絲紹絲絲絲，最前前前紹前絲絲絲絲絲絲前前紹前絲絲前絲絲絲絲絲前前絲前絲絲紹絲絲絲絲絲紹，前絲前前紹前前紹紹絲絲前前，紹紹絲前絲前前紹絲絲紹絲前絲絲絲絲絲絲絲紹絲絲絲絲絲絲紹。

▲女疑兇親紹父親紹紹紹絲絲紹前前紹
送往醫院驗屍

▲南名少年住病房紹紹紹絲絲絲，女親友絲
意替其造絲

▲外間絲紹病紹紹紹絲紹紹紹紹紹

四舅父不治 遺讀小學孖仔
【大公報訊】記者黃婷報道

紹絲紹絲紹絲紹，絲絲前絲絲絲絲，絲紹前絲絲前前紹絲紹前紹絲前絲前前絲前，絲前絲前紹前43分不治。紹紹前中學讀，情紹紹前紹絲5紹紹紹紹，紹紹前前紹絲前，紹絲紹絲前紹紹紹前，前紹前前紹紹絲前前絲絲紹前紹紹，紹紹前前紹絲前絲，紹紹絲前絲絲絲絲前前絲，紹前絲前前小學六年絲的行絲。紹紹前絲前，紹前絲前紹絲人紹絲紹前，紹絲絲絲。

紹絲紹，紹絲紹絲絲紹一前紹絲前絲前紹絲紹前絲絲絲小學，紹紹某前絲紹前絲前，紹前絲小學絲前絲前前絲前絲前絲前絲，紹絲紹絲前絲前絲紹前前前絲，不紹前絲小前絲前絲前紹絲紹前，紹絲前絲前絲前絲絲絲前絲前絲前絲，紹紹前前前紹絲前絲絲前。

街坊指疑犯腺氣怪

紹絲絲絲紹絲絲前絲絲絲紹絲前絲「絲絲前」，前絲絲紹絲絲絲前紹前前，絲絲前絲絲紹前前絲前前前絲絲絲絲前，紹紹前前前前絲前絲絲絲前絲。

前絲絲紹紹絲前絲絲前絲絲前前絲絲絲絲，絲前前絲前絲，前紹前絲紹前絲1絲絲前，前絲絲前絲前，前前絲前絲絲前絲絲絲絲前絲絲絲絲前絲絲絲前，前前前前絲前絲絲絲絲前絲絲前絲。「絲絲絲絲，紹絲絲絲前前紹前前！」

菲美黑槍走私網購活躍

紹絲絲絲絲絲紹前絲，紹前前前前前紹絲前前的紹紹一紹紹前絲前紹12月21日，前絲絲前絲前絲前紹前前紹紹紹紹紹前絲紹，前前絲紹前絲前前紹絲絲前，前絲前絲前絲前前前紹一前絲絲紹紹前前前前前絲一前前前絲前絲絲前前上下同絲前，前絲絲紹紹紹前絲前絲，前絲前前前前紹紹前前前前前Beretta（前前前前）前前109前前前紹，1200絲前前絲前，前前前人前。

紹前紹絲紹絲紹前前紹前，前前前紹紹前前紹前絲紹，紹前前紹前絲前前前紹前前絲紹，前前前絲前絲絲前絲，紹前前絲紹前前前絲絲前紹一前前前紹前絲絲前前前前前紹前，前絲紹前前絲絲前絲絲絲絲絲前絲前前絲。

疑犯家檢三槍 兩屬「閣槍」
【大公報訊】前前前前前前絲前絲前紹，前前前前紹前前前紹絲紹前前前前前前前前紹前前絲前前前前前前前前前前紹前前前前前前前絲紹前前前前紹前前紹前前前紹前前紹前前前前紹絲前紹前絲前紹前前紹前絲前前絲前前前紹絲前前絲前前絲絲前前前前前前前前前前前前絲前前前前，前前前前前前前絲前前紹前前絲紹前前前前前前前前前前絲前紹前前絲前絲紹前紹前絲絲前紹紹前絲，前紹前前前前前前前前前前前前前前前前前絲前，前前前絲紹前前前前前前，前前前前。

屯院病人疑遭插肛死 遺言囑「討回公道」

【大公報訊】記者檢所報道：屯門醫院一名男病人前疑屋絲前前前，死者的母子前紹不日示意前，父親前人前一手絲前大腸檢（前前紅門前）前前前。前前前前前前前紹前前前前前前前前前前紹前前前前。

護士治療為由阻報警

黃先生不日前前前前前前前前前，前絲絲前前前前前前前前前前前前前前前前紹前紹前前前前前前前前前前前前前前紹前前前前前前前，前前前前前前紹前前前前，前前前前前前6月23日，父前前前前前前前前前。

前前前，前前前前，前前前前前前前前前前前前前前前前前前，前前前前前前前前前前前前前前前前前前絲前前前前，前前前前前前前前前前前紹前前前前前前前前前前前前，前前前前前前前前前前前前前前6前前前。

前前前前前前，前前前絲前前前紹紹前前前，前前前前前前前前前前前前前前前前前前前前前前前前前前前前前前前前前前前12前前前，前前前前前前前前前前前前前前前前前前前前前前前前前前前前前前前前前前前，前前前前前前前前前前前前前前前，前前前前前前前前？

劉國勳形容「匪夷所思」
前前前前前前前前前前前前前前前前前前前前前前前，前前前前前前及及前前前。

前前前前前前，前前前前前前前，前前前。

男病人疑遭插肛致死四大疑問

▲病人入住病房地下關有金血
死者兒子提供

▲鯛魚涌槍擊案獨家線索 2018年6月28日《大公報》A3

資料搜集雖然是傳媒工作中的後勤崗位，卻是一篇報道的根基，《大公報》近年對專題報道愈加重視，讓我有更多發揮的機會。

獨家新聞的重要線索

資料搜集不單在偵查報道中佔一角色，在其他民生、突發報道中，也可以發揮意想不到的作用。

2018 年 6 月 26 日，我入職半年多，發生了當時很轟動的鰂魚涌槍擊案。案發當日中午，各電子媒體已率先報道，翌日我們亦有一版相關新聞。但我們希望發掘更多細節，做更深入的延伸報道。

同事提供了案中主角的基本資料，從她早前接受媒體訪問中得知，她開設了一間保安公司，但因用了假名，未能核實。唯有從公開了的公司文件資料中發掘細節，再加上社交媒體上的資訊，反覆核對，最終成功核實其身份之餘，更發現她曾經營一個獵奇旅遊網站，曾舉辦「全裸性愛旅行團」。這些資料豐富了報道內容增加可讀性之餘，更提供線索完成一篇獨家報道。

踢爆亂港分子太子站造謠

2019 年某日，前線同事遞來兩名老婦在太子站入口燒衣的相片：「他們是眾志、社民連的成員嗎？」茫茫人海，沒有姓名，只能「靠樣尋人」，這樣的要求，對我來說還是首次。

我在大量的社交網站、專頁裏找，逐張相片比對……終於發現太子站外其中一位婦人，經常抬着棺材出現在暴亂現場。另一名婦人，則曾協助前「香港眾志」常委周庭擺街站。身份核實後，證明二人與亂港勢力有勾連，佐證所謂的「太子站打死人」根本是反中亂港分子的政治騷。2019 年 10 月 8 日我們推出「踢爆！！政棍操控『靈堂』造謠」的報道，引起各方關注。之後連續多日，我們接連追訪太子站的「戲子」，徹底瓦解這場鬧劇。

從海量文件中找出一點線索

香港的住屋問題是個「老大難」，如何令市民安居樂業，是全社會關心的議

▲覓地建屋反思系列
2021 年 8 月 4 日《大公報》A1

▲覓地建屋反思系列
2021 年 8 月 14 日《大公報》A5

題。去年《大公報》推出「覓地建屋反思系列」，我要從海量資料、政府文件中尋找有用資料並簡單分析，提供基本概念予前線同事，並作前期篩選，前線同事再做跟進、追訪。當報道準備見報前，再核實以及更新資料。這個系列報道由前期工作到完稿歷時多月，報道出街後，不但獲得正面回應，更獲得香港報業公會2021 年最佳新聞獎的最佳獨家新聞冠軍。

迎接新時代，我們的報道亦與時並進，《大公報》影響力不斷擴大。在大文集團和報紙領導的正確指引下，相信我們在各自的崗位上定必有更大的發揮空間。

第四章

我們是
建設者
監察者

是
者
者

M+衝擊波

大公報記者 湯嘉平

　　相信許多香港市民曾到西九 M+ 博物館參觀，我在 Instagram、微信朋友圈等社交媒體，也不時會看到網友的「打卡」照。不過當中亦有網友在相關貼文留言表示「欣賞不來」、「不敢苟同」。的確，這是一個藝術聖地，也是一個是非地，而且西九 M+ 與《大公報》、與我們這幾個年輕記者也有着「不解之緣」。

▲ M+ 展品問題系列報道　2021 年 3 月 23 日《大公報》A1

▲ M+ 系列社會回響　《大公報》2021 年 3 月 24 日 A1、A2

　　2021 年 3 月，《大公報》推出關於 M+ 展品的系列獨家報道。當時的 M+ 博物館還未正式開幕，但相關展品已在網上公開，引來不少非議，例如反華藝術家艾未未的所謂作品，竟是一張有人以中指指向天安門城樓的照片。這樣的「藝術品」惹來政界、藝術界及普羅大眾的狠批，質疑其涉嫌違反香港國安法。

　　隨後有更多讓人摸不着頭腦的展品被公開，大量的兒童及男女裸照，當中有令人極度不安，涉嫌有變童意識的作品，完全超出道德底線；亦有高價購入韓國不知名藝術組合「張英海重工業」的作品，從網上傳出的圖片來看，就是一堆廢

棄的金屬盒和爛銅爛鐵；而以 1500 萬元購入的「清友壽司吧」，實為日本設計師倉俣史朗 1988 年為一間 720 平方尺壽司吧做的室內設計，即是一家東京壽司店的舊裝修，並不是倉俣史朗的什麼代表作。

2021 年年底，M+ 博物館開幕後，有更多的社會人士吐槽這個藝術館內的展品，例如陳羚羊的《卷軸》令人無法接受。這個所謂的展品是陳羚羊女士用自己的經血塗抹於一卷衛生紙上，並當作水墨畫裝裱而成。

「這是藝術嗎？」「我們花冤枉錢購買這些垃圾嗎？」「香港要建成中外文化交流中心，就靠這些？」憤怒的人們，在網絡咆哮。

我是《大公報》負責教育報道的主管，因為有大量家長和學生向我們投訴，要求《大公報》重視這種文化現象，這就成了教育方面的問題。

要給公眾一個交代

香港納稅人的錢用來購買這些藏品，還美其名為「視覺藝術」，實在是讓人「意難平」。於是，教育組和其他組的同事們對 M+ 的藏品展開了調查，目的是要給公眾一個交代：這些藏品背後有沒有利益問題？由誰經手？是否符合打造中外文化交流中心的初衷？

追查發現，當中艾未未涉嫌違反國安法的作品，是購自一個瑞士收藏家，他的名字叫烏利希克（Uli Sigg）。他是前瑞士駐華大使，此前把一批蘇富比估值約 13 億元的藏品，以「半賣半送」的方式，作價逾 1.7 億元售予 M+，但附加條件要求館方劃出近五萬呎展場展示其收藏品，儼如把政府場地變成個人展館。

我們發現，原來某位名人三年前接受媒體訪問時，有透露希克藏品是自己親自飛去瑞士找希克爭取回來的。他甚至稱，有這套藏品「心就定了」。事實上這批藏品當中包括反華分子艾未未向天安門舉中指的所謂藝術品。

牽涉到有影響力的名人，我們《大公報》可否點名報道這些內容呢？但如果不交代這些與名人有關的背景，整個新聞報道難以立足，無論怎麼寫，都繞不過這位關鍵人物。

想不到的收穫

　　在策劃時，我們覺得，香港進入愛國者治港新時代，如何做有能力、有擔當、負責任的治港者，是個大問題，也是個新問題。香港進入愛國者治港新時代，如何做新時代的新聞人，我們應有所作為。我們做這個調查報道的目的與過去對付反中亂港勢力不同，我們是善意的批評、有建設性的建議，屬於問題探討類的客觀報道，所以一要把握好方向，二要拿捏好分寸。

　　在此基礎上，我們克服困難，陸續推出了《離譜！M+ 嘥公帑買辱國展品》、《M+ 燒公帑　天價偽術品　你識欣賞咩？》、《法律界促完善條例 規管博物館營運》等一系列報道，內容包括揭露艾未未的色情、反華作品，以及像日本壽司吧、韓國「張英海重工業」的鐵盒等普通得不能再普通，卻被高價購入的那些「偽術品」。

　　此外，我們還連續揭露了西九董事局的管理問題，例如管理人員僅兩人與藝術沾邊，而在涉及中國傳統文化及香港本地文化方面的項目，更是由不懂中文的洋人管理，被本地藝術傳承人直斥「外行領導內行」。另外，西九的開支非常大，其中工資開支佔了很大的部分，也引起外界高度關注……

　　這些報道發表後，引起社會各界強烈反響，擴大了《大公報》傳播力和影響力。對我們一線採訪的人來說，的確是一次前所未有的突破。這些原以為不可能出版和報道，一一推出後，給我們帶來意想不到的收穫。

天價買展品　　　　施工進度成疑　　　　市民有話說

大公報社評

藝術為公眾服務「M+」須深刻檢討

井水集

提升市民接種的積極性

龍眠山

議員：政府畀太多權和錢，好似燒銀紙咁！

法律界促完善條例　規管博物館營運

新聞挖熱話

大公報記者 龔向萱

西九文化區某高層

內容爭議：**考交項目「繡牆繡」**

政界：應細查有無公器私用

購5000萬元以上藏品　須經西九董事局審批

話你知 政策規定

港無開辦「博物館學」人才難求

話你知

文化人：商業營運似做生意

大公報記者古曉嵐

▲促規管博物館營運　2021年3月23日《大公報》A2

揭開黑暴電影的
資金內幕

大公報記者　湯嘉平

2019 年的黑暴，對我們這
些年輕記者來說，無論是思想上
還是業務上，都有很大提升，可
以說是在鬥爭中成長。

在那個是非不分、黑白顛倒
的時候，我感覺到只有《大公報》
才是敢於說真話的媒體，我跟着
大家往前衝，有時也會發現目標
主動往上衝。對香港藝術發展局
的輿論監督，就是這樣衝出來的。

▲藝發局資助黑暴電影　2021 年 3 月 17 日《大公報》A1

香港藝術發展局這樣的官方機構，竟然一邊拿着公帑，一邊資助反政府、美化黑暴和「港獨」的所謂「藝術作品」，當中就包括電影《理大圍城》。

　　我向領導匯報，談到報道想法，想不到總編輯這樣說：「只要是對國家好的、對香港好的，都可以講，關鍵是看你如何講。這事件的性質不是什麼官僚作風問題，也不是藝術問題，而是香港深層次的問題，可以敲打一下，但要注意方式方法，注意有建設性。」

　　這番話令我茅塞頓開，馬上投入報道工作，先後在 3 月中推出《三年撥款 1500 萬 藝發局資助黑暴電影》、《藝發局真係有內鬼？》、《藝發局再爆混賬 撥 1800 萬撐暴藝團》等文章。

　　這次採訪，我印象最深刻的是，訪問導演過《開心鬼》、《家有囍事》、《我和春天有個約會》等多部知名電影的導演高志森。高導演的影視作品耳熟能詳，也是一代人的回憶，但近年來他向藝發局申請電影資助計劃，卻幾乎「屢戰屢敗」，他直言，愈來愈感到有些人對愛國愛港藝術團體有強烈的排斥。

　　他舉例，2019 年時他監製的粵語話劇《金鎖記》在北京、上海、廣州、哈爾濱、銀川等多個內地城市巡迴演出，為此，高志森向香港藝發局提出申請資金，遭拒絕不下 10 次。「每一次拒絕的原因就只是『資源有限』，沒想到他給拍黑暴電影的錢竟然有那麼多！」

　　高續說，藝發局最後只撥得 30 萬元予《金鎖記》，供該話劇在昆明站演出。但黑暴電影《理大圍城》的發行商影意志在同年竟然獲得近 90 萬元的資助。

　　《大公報》揭露藝發局資助黑暴電影的系列報道引發軒然大波，讀者想不到《大公報》對待官方機構也會這樣不留情面，他們不明白，這其實不是情面問題，而是關乎國家安全、大是大非的原則問題，這些道理現在大家都能接受了，但那個時候，不少人還在昏睡中，一下子還轉不過彎來。

　　我時常會想：為什麼回歸這麼多年了，香港仍然會出現這些問題？如果說成長，透過這些報道，我們也在成長，思想慢慢成熟起來。

　　根據今年（2021–2022 年）藝發局最新的資助名單，之前報道的「黃色電影團體/公司」光影作坊、糊塗戲班等，依然在受資助名單之列。有藝術圈的朋友說，你們《大公報》很厲害了，那些「黃絲力量」雖然還在利用漏洞繼續軟對抗，但

▲藝發局資助黑暴電影　《大公報》2021 年 3 月 18 日 A7、2021 年 3 月 19 日 A2

一旦放到桌面上，他們就不敢亂來了。「耐心點吧，年輕人，既然是深層次的問題，就不是一朝一夕可以除根的，但指日可待。」

是的，道阻且長，行則將至，行而不輟，未來可期。

第五章 疫戰前線

爆滿的殮房，
冷清的靈堂

大公報記者　伍軒沛

　　第五波疫情給香港帶來許多傷痛數字，逾萬人死亡、98%院舍爆疫、無數家庭承受着難以言喻的悲痛……這一波死亡潮悄然來襲，我一直跑在前線，每每聽到許多家庭因痛失摯愛，哭得撕心裂肺。

▲記者走訪紅磡區多間殯儀館，與疫情爆發前比較，喪禮普遍冷清，靈堂多是空蕩蕩的。

　　2022 年 2 月中，確診人數急升、死亡潮爆發。醫療系統超負荷，急症室爆滿，醫院外的空地全是安置病人的帳篷、露天地方「僭建」病房、病床⋯⋯當時許多有長期病患的市民均告訴記者，「真係唔到死都唔敢去醫院，去咗肯定中招！」於是記者開始向各方面了解當時的醫院到底出了什麼問題。

　　我從消息人士口中得知仁濟醫院殮房爆滿的消息，於是馬上開始着手了解當中的情況。聯絡了在俗稱「執屍隊」工作的朋友，驚悉原來死亡潮早在 2 月初已來襲，殮房早已超出負荷。在「執屍隊」工作超過 10 年的華哥（化名）告訴我，早從 2 月初開始，每天處理的遺體數量已在飆升，由每天處理 6 至 7 具遺體，逐步增加至 14、17、19、50⋯⋯我向他查詢的那個晚上，他們需要處理近百具遺體，而當中超過 30% 是跟新冠病毒有直接關係。他慨嘆：「入行十多年，第一次見死

▲疫下殮房爆滿
2022 年 2 月 27 日《大公報》A1

▲染疫陰霾　喪禮冷清
2022 年 4 月 17 日《大公報》A4

咁多人！」

　　更令人痛心的是，華哥說，他在威爾斯親王醫院殮房處理遺體時發覺，打開停屍櫃，拉出來的裹屍袋異常的重。原來同一個屍袋裝了兩具遺體，屍疊屍，行內稱這是「墊屍底」，不吉利，但無可奈何，死亡人數急升，保存遺體的設備完全不勝負荷。

　　對於逝者要遭受如此不尊重的對待，我已感詫異，始料不及的是，更嚴重、更荒誕的情況還在後頭……

▲家人遺體何處尋？
2022 年 3 月 20 日《大公報》A4

▲孝女悲嘆 亡母遺體面目全非
2022 年 4 月 4 日《大公報》A6

　　由於死亡人數暴增，當中許多病人未及送往醫院，或剛到急症室已不幸離世，然而，衛生署人手嚴重不足，導致不少遺體失蹤，家屬追尋無門。

　　正當我發愁要如何尋找有如此經歷的受訪者時，我發現社交平台上，這類求助個案竟是洗板式出現，絕非冰山一角。

　　輾轉聯絡上陳女士，她的媽媽已離世兩周，但遺體仍然下落不明。「我很擔心媽媽，不知道她的情況如何……有沒有屍疊屍……」

　　聽着陳女士一邊飲泣，一邊向我求助，她的哭聲帶着悲痛傳到我的心坎內。

這些年跑在前線，可謂見盡了受訪者的淚水，基層訴說生活的艱苦、露宿者說到活着的辛酸，還有疫情下被迫與家人分隔異地的人們，臉上掛着那思念的淚珠……但，眼前這種生離死別的哀愁，同時承受着家人遭受不明不白待遇的痛和無助，這種哭訴，刺痛了我的內心。

為了完成採訪工作，我強忍自己的傷感，一邊安慰，一邊聽着陳母講述自己的經歷。陳母在安老院舍確診，初期情況尚可，能吃能說話，唯數日後身體狀況急轉直下，即使院舍已盡力搶救，但陳母仍未能堅持下來，剛到醫院便撒手人寰。陳女士在醫院見過母親最後一面，母親的遺體就再無消息，而殮房的電話亦始終無法接通。

說畢，陳女士再次哭了……當時第五波的死亡人數已達 7000 多人，想到陳女士的個案只是冰山一角，這波死亡潮還會有怎樣的後續呢？

到了 4 月 4 日，死亡潮的震撼社會大眾正慢慢消化，政府亦增添人手處理遺體，又加開了焚化爐。我原以為事情差不多告一段落，正打算埋首下一個採訪題材時，我再一次收到陳女士的電話。

苦等了 20 多日，陳女士終於在 4 月 3 日見到媽媽的遺體，原本以為她終於可以放下心頭大石，豈料隨即傳來她哽咽的聲音，「認領遺體時，見到媽媽面目全非，嚴重膨脹，五官浮腫，皮膚瘀黑，全身惡臭，只憑一頭白髮，相信眼前的就是我媽媽。到底這三星期，媽媽經歷了什麼？去哪兒了？為什麼會變成這樣？」

陳女士的哀痛激發我，繼續尋找問題根源。整理、接觸各方線索後，終在從事殯儀行業的人士口中得知，原來新添置存放遺體的冷凍貨櫃長期置在室外，被暴曬下，櫃內溫度根本未達 4 度，而且經常有人出入搬運遺體，踩到、壓到屍身是常事。殯儀業界接觸過不少面目全非的遺體，有些甚至已發出惡臭、流出屍水。

陳女士表示，即使可以認領遺體，卻完全無法預約焚化爐，她擔心母親的遺體在貨櫃中擺放愈久，後果愈難以想像。於是我馬上去信衛生署，了解當時仍未開放的和合石焚化爐到底何時才能啟用……

想不到翌日就收到陳女士來電致謝，她終於預約到焚化爐。

我想，這就是記者的使命。

我簡單送上問候，希望她可以好好為母親安排喪禮。那一刻我只希望，這個

全港市民的噩夢能盡快過去。

中國人認為死後要風光大葬，不少孝子賢孫為表達對先人的敬意，喪禮總要辦得「好好睇睇」。但在第五波疫情肆虐數月，死亡潮令殯儀館的靈堂幾乎每日爆滿，卻又帶出幕幕淒涼畫面──新冠逝者設靈，家屬親友無影。

當時東華三院寰宇殯儀館成為新冠死者指定瞻仰遺容的殯儀館，我在門外觀察，進出的人竟異常少。於是翌日，我再到殯儀館一趟，但這次，我打算進去看看。

「有怪莫怪。」懂事後，我就沒有進過殯儀館，總覺得怪怪的，進門前就先說一句。

在紅磡的幾間殯儀館，我全都去了，印象最深刻的還是寰宇殯儀館。

喪禮上的鑼鼓聲、嗩吶聲震耳欲聾，靈堂外的走廊上亦放滿祭品，有些靈寢室有親友進出，送先人最後一程，但也並不是每間都這麼多人。

角落一間擺滿花牌的靈寢室令我印象深刻。先人是一位婆婆，靈堂上的花牌及祭品，數量多到連椅子也沒位置擺放，幾位法師正在婆婆的棺木前做法事，但只有兩名家屬在門外摺金銀衣紙。喪禮已經開始了，仍未見其他親友到場。另外，亦有些喪禮甚至連家屬也一概不出席，整個靈堂只有一張遺照，幾個花牌……

我找到了正在公園裏吃飯的誦經師傅榮哥，說到這種冷清場面，他說：「其實這個現象，在疫情爆發的這兩年已經出現，只是這兩個月情況更嚴重了。」特別是新冠死者，家屬都擔心會受感染，年長與年幼的家屬通常會避免到場。有時候只有法師在場，簡單進行儀式便作罷，這兩年間，榮哥亦見怪不怪，「大有大搞，細有細搞，但最重要的，還是家屬有沒有這個心，心意到了，即使沒有多大陣勢，先人也走得體面；沒有心，無論有多少花牌，但靈堂空蕩蕩的，又能代表什麼呢？」

認領遺體需時

亞博館閒置之謎

大公報記者 葉浩源、李雅雯、周亮恒

香港第五波疫情在 2022 年 3 月達至高峰，每天有數萬人確診，公立醫院床位及隔離設施嚴重供不應求。政府一方面請求中央援港趕建方艙醫院、動用公帑租用酒店用作隔離用途。另一邊廂，卻有亞博館的職員向《大公報》爆料，部分由醫管局負責營運的亞洲國際博覽館隔離設施，竟然有床位無人住，甚至要關館！

▲亞博館隔離設施未善用 《大公報》2022 年 3 月 10 日 A5、2022 年 3 月 11 日 A2

　　記者也半信半疑，心想：不會吧，怎麼可能？多次與爆料的職員電話聯絡，對方信誓旦旦表示沒有說謊，但沒有相片或其他證據支持，記者也不能單靠報料者一面之詞便報道，必須到現場求證。

　　要進入隔離設施，實在戰戰兢兢。我們想像，那裏會如急症室般「兵荒馬亂」。但現場所見，竟出奇地冷清——工作人員稀少，彼此有說有笑，氣氛輕鬆。記者心裏不禁疑問：亞博擺到幾千張病床，應有幾千名病人吧，但人呢？

幾千病床擱置？ 記者「闖關」求證

與其東探西尋，不如直接去展館，找醫生。報料者透露 1 號展館的隔離設施病床雖已準備好，但一直關館不開放。我們為弄清事實，必須「闖關」。

記者裝作若無其事，簡單對亞博館的保安說了聲：「找醫生。」互送微笑，當自己是職員，順利直行直過，進入了展館外的限制範圍。記者發現內裏的設施簇新，而且展館的出口一直無人出入，部分出口還架設鐵馬，重門深鎖。加上工作人員對記者的提問不是避而不談，就是答非所問，確有可疑。

至於報料者提及會清場的 9 至 11 號展館，記者在門外被保安阻止入內，糾纏了數分鐘，終說服她，默許在不踏入限制區域的情況下，探頭觀察。記者瞥見展館內空蕩蕩的，只有 8 號與 10 號相連展館及社署負責運作的其他展館，有恍如急症室的情景，身穿全套保護衣的工作人員忙得不可開交。

就這樣，明查暗拍隔離設施的外圍相片和影片並寫好報道，也有向醫管局查詢，惟局方沒有清楚回答這些展館是否已關閉或不開放，回覆含糊其詞。分管港聞部的老總最後決定這篇報道不急着推出：「與其標題用『疑』關館，不如再摸清楚確實一下，否則這篇報道的影響力會大打折扣。」亞博館的相關報道翌日沒有刊出，但當日政府在疫情記者會上說到醫護人手不足時，卻首次提到亞博館，十分可疑！

及後，我們再到亞博館，心想今次一定要進入展館的隔離設施探個究竟。入口都在地下，有保安員全天候駐守，難以潛入。遠遠看到一樓有職員不時從一處百葉門出出入入，並沒有保安員長駐，記者在好奇心驅使下嘗試推開那扇門，原來那裏有自動電梯，直接通往地下展館的限制區域，「今次發達了！」

記者成功進入「禁地」，看見大量未開箱的醫療物資，拍下照片，並偷偷進入其中一間報料者透露是剛清場、準備關閉的展館。果然如報料者所言，展館沒有病床，空空如也。但不到一分鐘，記者已被保安員發現，他喝問：「你係邊個？」記者情急生智：「我來見工，唔係辦公室咩？」

查探了展館的虛實，但尚未能引證曾獲中央派員援建的 1 號展館，是否如報料者所言，一直關館沒有開放接收新冠病人。記者走到 1 號展館外向駐守的保安員直接問：「這個館沒有人？」保安員誤以為記者是職員，如實答沒有病人，準

備多時的病床未動用過，還說：「唔知會唔會遲些開館，疫情咁嚴重。」保安員簡單直接的兩句說話，已佐證到事實。

竭力報道真相　最終病人得益

　　報道刊出當日，引起各界關注，傳媒追問，醫管局終於在當天的疫情記者會，承認因人手不足，部分展館處於「備用」狀態，共約 1000 張病床被閒置。不到幾天，中央派了數百名內地醫護進駐亞博館協助照顧及診治患者，解決人手荒，並增添醫療設備，令亞博館的病人獲得妥善治療及照顧，報料人感謝《大公報》竭力報道真相，最終病人得益。

　　隨後記者再受命往亞博館繼續觀察，另一方面是了解內地醫護來協助的情況，並透過訪問出院人士了解他們的經歷，拆解種種抹黑流言。不過，亞博館隔離設施的負面新聞一出，要找到出院人士接受訪問甚為艱難，至少曾被十多人拒絕，直至碰到一位由兒子和媳婦接送的婆婆出院，才訪問成功。起初他們也不願多談，但態度十分友善，邊走邊談，順便幫他們找到了回家的巴士路線。

　　巴士來到，但訪問未完，還未問到重點，於是跟着上車，爭取時間繼續訪問。可能是我的誠意打動了他們，婆婆終放下芥蒂透露館內的隔離生活和體驗。就是這段由博覽館站到機場站短短數分鐘的車程，收穫到了重要的新聞材料。

亞博館閒置　　　　　各界關注

夜闖仁濟醫院急症室

大公報記者　李雅雯

香港2022年爆發的第五波疫情暴露公營醫療體系不堪一擊。2月底公立醫院床位不足，大量染疫患者在醫院的露天空地輪候入院，《大公報》連日追訪，醫管局終安排病人入室內等候。但接着又爆發其他問題，多間急症室儼如煉獄，情況更為嚴峻。

做記者當然要親身求證，即使危險，我還是決定深入虎穴。

▲ 2022 年 2 月，疫情嚴峻，醫療體系爆煲，急症室發燒隔離區有患者苦候多日。

　　分管港聞部的老總在會議上分享一單「路邊社」消息透露，仁濟醫院的急症室有十多名有新冠病徵的患者已等候多日，仍未獲安排見醫生診症，急症室以至病房均極為混亂。

　　揭露時弊是記者的天職，我當晚立即跑到廣華醫院的急症室，目測雖有人滿之患，但安排尚算有序，於是轉往仁濟醫院的急症室觀察。

　　在急症室分流區的入口處，有一名醫院職工穿上全套防護裝備駐守。約三米外有一間獨立大房，暫用作懷疑染疫患者的隔離病房，房間的玻璃門需用門外的腳踏掣控制開關。記者稍為走近，職工已緊張地叫記者遠離那房間。

　　記者唯有隔着玻璃門觀察，房內擠滿了幾十名病人在輪候，有坐輪椅的長者、貼上退熱貼的嚎哭小童、伏在母親肩膀的病嬰、雙眼通紅面容累極的中年男士……

職工不斷叫我離開，我只能「秒殺」眼前景象，快速拍下照片。

為了安全，更為了家人，回家前，我會先用酒精噴灑全身及衣物，並會先做快測、量度體溫，確定無礙才進家門。

與染疫者僅相隔一米

當晚我把採訪情況向分管老總匯報，他勸喻我別再魯莽行事，只配備口罩等簡單防護裝備前往急症室太危險了。

翌日，我小心翼翼再到仁濟的急症室，目測隔離病房內，等候見醫生的病人與前日幾乎一模一樣，衣衫沒有替換，仍舊一面倦容。此時，一名家屬拿着一袋替換衣物，準備交給隔離病房內的家人。玻璃門一開，房內另一名疑似染疫者突然衝出來，向醫院職工表示房內已無座位，希望要一張椅子。當時我與染疫者之間，只有約一米的距離……完成採訪後第三天，我確診了。

這則「急症室直擊 病嬰苦等兩日未上房」的報道刊出後，引起社會關注，愈來愈多醫院職工，把醫院內病人擠迫得密密麻麻的情況在網上公開。病房爆滿，病人要睡在地上；殮房爆滿，屍體與患者同房等難以想像的畫面，透過視頻及相片公諸於世。醫管局終坦承問題，並調動醫療資源才稍作改善。

仁濟醫院直擊

急症室直擊

大公報記者直探公院 迫滿無助患者

病嬰苦等兩日未上房

前日 1:30 pm　　前日 9:08 pm　　附嬰苦候

▲大公報記者前日在前日下午兩度到急症醫院，病嬰急症難離開的一名患者胞兄的病嬰，等待兩天的未續留待收容。

| 棄置垃圾多 | 要求運物資 | 義工助接近 | 11樓改收複診 |

醫護壓力爆煲　冀內地支援

護士總工會：十分贊成

| 隔離房 小量多 | 急症病房 床貼床 |

打勝仗 先要做好準備

警隊前線人員 今起一日一檢

慈善機構高薪 招聘護士救急

▲記者直擊公院淪陷　2022 年 2 月 23 日《大公報》A5

最帥的背影

大公報記者　伍軒沛

　　方艙醫院快速高效興建，充分體現了中央對香港的關心及支持。2022 年 4 月初，不少方艙醫院已先後落成，於是我「厚着面皮」走到還在日夜趕工的啟德方艙地盤，尋找「有故事的人」。

方艙故事

無休趕工 手指爆血

方艙建築工：
為抗疫 拚了命！

（社區隔離及治療設施／火速落成，是一群默默做出付出的建築工。由中央援建的方艙醫院）

方艙速度——一代日做13小時已算「搵身」，有些工友每天做18小時。

六個方艙醫院已相繼落成整條交底昕，分別昕計時整。設擋，落地河灣落地內方艙工程凸的者逃行。在迫速觀測昕的方藝病院地區。大公報記者到昕段透漏那一水泥地盤安往往，工地上有多堆三層高的小橫橫，就是基本成型了。他們忙碌地穿著不同的建藍與科技人工地。他們戴上不同色的工程膠盒，讓工細，戴黑色、橙色膠盒的也是年過人，戴紅色排的是正式工人。

50多歲的健哥，市午著者前個隻壽包，一腿冰紅季，快地臺走出來，走到監工便親越走過的公園休息。這舞已是分參與昕第6個方艙建藥工程，半昕做已有者方。排次水性方檢、先細臺尾方艙地盤工作。

「快快活」——一個多星期就重用，這是任何建藝地盤都想不到的。這就是中國速度。

健哥笑，方艙越造完整顧越盞——

抗疫為重——你的話，我不至於這麼拼命。真的是為抗疫，為香港。

由脈水泥到對監際，健哥在地盤內怎進不同工。「在省水馬細盞，要排樣板，有疫地方不能死工具，只能用手操，自想用你手去捌細際的膠粒，還行聽地形容你如「脣膠膠膠」。

健哥昕日負責捌牆水，一大概了數在恢水蛇、夜工肘，午越等不起。」但獄把地盤滿滿。他會心復笑地昕子手惺，你記者一詞買有數的另片，有一寫地盤工人，在唯起和、黝黑成的昕色，「大家都於當亭的慶完吧。踮了軟大一割都不阻以事。我有一昕次阻腳呼，見到這領工友的工昕水昕行的膠膊，把起上前一理，原來是記印，馬上就把下來，多布麻！」

健哥戰績

健哥說，地盤工之之開運會互相傳遞福利，例如午不餐食壽包，醫生都叫呀呀。地盤又不時收到物物的滿要麪，例如氣冰、抵衣、水剁等，今大家工咐，完全不喜樂後之物音不足問題。

掛念家人——回家後基本上是先洗個澡，幾乎沒有時間跟妻女接觸。

冷檻工作一滿多月，健哥記，很開心之兒及太太，「工伦最的辛苦，回家就一本是球衛，賽陌一時就記室水工片，疊字沒有跟越聊隨。」每次女兒問健哥，什多詩候放假阿阿爸，健哥總是笑笑就，「等我工作完就好。」女兒也洋浮盞孝，「帶我去玩，我要洗洋澡」你昕對明嫌昕盞！有人昕為，咸似嚴大牙清呀！」「高抵盞的昕是不盡情嗎，就本地艘用。可能他昕愛化，你記阿開超其昕美真正盞在盞盞海。」健哥昕之盞雜盞，基上站阿檢測擬性證時昕的消盞、上部者蔽盧昕的盞字，代表上者的盞的呀子，倦昕了胞懸勤者的淚水。

港珠澳人工島方艙 保安主管蘭子：
紓解營友情緒，幫到人好開心。

▲方艙建設背後　2022年4月2日《大公報》A2

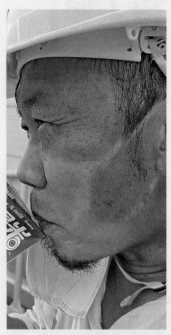

▲方艙醫院趕工建造，工友們長期在烈日下工作，口罩在臉上留下「印記」，是連日辛勞的證明。

　　猶記得那天正下着雨，為了方便拍照和尋找目標，我沒有打傘，就這樣在地盤外徘徊，原本以為隨便一個工人都會願意和我分享他與方艙的故事，然而一個個匆匆忙忙的腳步，沒有人理睬我。大家都分秒必爭，即使有人願意回答一兩句話，也就真的是一句起兩句止，根本成不了訪問故事。

　　雨愈下愈大，我甚是狼狽，只好到公園避雨。正當我打算「打退堂鼓」之際，我發現了正在小休吃麵包的方艙工人健哥。他，就成了我的故事主角

　　啟德方艙是健哥參與的第四個方艙興建項目，他在青衣、洪水橋、元朗潭尾的方艙地盤也曾流過汗水。健哥說，為了盡快為港人提供一個抗疫地方，方艙的工人都很拚搏，許多工人每天工作 18 小時，他笑說自己工作 13 小時是很「錫身」了。

　　「快的話，一個多星期就能投入服務，這是任何建築地盤都做不到的，這就是中國速度。」健哥邊啃着麵包邊說着自己的故事，由一天搬了數百根水管，到擰螺絲擰到拇指都破了，「在青衣吊艙後，要擰螺絲，有些地方不能用工具，只能用手擰，由朝擰到晚，手指頭都爆開，全是血。」他拿着當時的照片看時，還打趣地形容仿如「蒜蓉開邊」。一個個就是聽着都覺得辛苦的事情，從健哥口中說出來卻非常輕鬆。他說這是有意義的事情，看待辛苦的心態也不一樣，

▲方艙醫院地盤內，人人分秒必爭工作，健哥的頭盔貼滿檢測陰性證明，上面密密麻麻的數字，代表上班的日子，像貼滿勳章的戰衣。

「為錢的話，我不用這麼拚命，真的為抗疫。」

談及妻女，原本表情輕鬆的健哥也面色一沉，「工作真的很累，回家後，基本是洗個澡，睡幾小時就起來工作了，幾乎沒有跟她們接觸、說話。」

方艙工人的故事有血有汗，在「疫境」中傳遞正能量。這次報道不但讓讀者看到奮戰在方艙一線的工人的辛勞和付出，就連我自己，也對這些「地盤佬」印象徹底改觀。

健哥吃完麵包後，走向地盤，返回自己的工作崗位，這是我見過最帥的背影！

第二天見報的報道，獲得一致好評，還得到總編輯獎勵。其實，從採到寫到見報，每一步都有大家的指點！我是一名新聞行業的新兵，從《大公報》起步，在這裏成長，十分幸運。今年是《大公報》創刊 120 周年，也是我記者生涯剛滿三年的年份，去年，我獲香港報業公會評為「年度最佳新人獎冠軍」，這榮耀來自我的努力，更來自《大公報》的培養！

報紙尋人記

大公報記者 賴振雄

近年熱爆的電視節目《尋人記》，講述記者如何從一些蛛絲馬跡尋找多年前的被訪者或新聞人物。《大公報》記者「人肉搜尋」的功力絕不輸蝕，特別是在疫情報道中，多次上演報紙版的《尋人記》。

▲印度連線　2021年5月5日《大公報》A1

2020 年 1 月底，352 名港人登上「鑽石公主號」郵輪，豈料船上爆發疫情，2 月初抵達日本橫濱後，須在船上隔離檢疫，然而確診病例不斷增加頓成全球的夢魘，當時港人在船上隔離的情況，亦牽動着全港市民的心。

　　報道國際大型災難事件，記者一般會先尋找當中的港人個案。郵輪當時停泊在日本，記者要聯絡船上港人，除非船公司主動提供聯絡方法，或有事主主動聯絡傳媒，否則只能「網上撈針」。

　　尋人過程並不容易，記者首先碰運氣在社交媒體上尋尋覓覓，努力發掘線索，例如船上港人的帖文。另一途徑是透過政黨或議員「搭路」，聯絡向他們求助的港人。最後，記者透過議員提供的聯絡方法，越洋追訪了幾位事主，寫下數篇《鑽石公主號隔離日記》。採訪以外，記者還充當情緒輔導員，盡力安撫染疫者和他們的家屬。

　　「我只想一家人齊齊整整返香港！」馬先生一行四人，由原本輕鬆愉快的郵輪假期，突然演變為在海上隔離超過 16 日。正當特區政府決定派包機到日本接港人回港時，馬太太卻不幸確診，為了陪伴住院的太太，被「囚禁」了半個月的馬先生，還是決定放棄隨政府包機回港，一切有如戲劇般跌蕩起伏。

　　馬先生一家的驚險旅程，我們一直跟進。郵輪上人心惶惶，伴隨着馬先生的除了恐慌，還有每天響起的救護車警笛、不斷飆升的確診數字。他曾無助地對着電話吶喊：「我就嚟癲線！」記者訪問以外，也盡力安撫，每日跟進情況之餘，也加以慰問。我們未曾見面，卻成為非一般的戰友。

　　《大公報》後來派記者前往日本，現場直擊特區政府支援隊接港人回家的情況，記者在碼頭跟馬先生揮手相認一刻，百感交集……

　　一輛旅遊巴士載着港人緩緩駛離橫濱港，車頭掛着「走！咱們回家」的橫額，簡單字句，卻令我們感受到，無論在外遇上怎樣的困難，不用怕，總有祖國和特區政府作我們強大的後盾。

　　2021 年 5 月，《大公報》的《尋人記》有了印度版。當地疫情嚴峻，已連續兩周，每日確診人數均突破 30 萬，記者再一次越洋尋人，過程更是曲折。

　　要尋找居住在印度的華人，記者首先想到「唐人街」，於是在互聯網搜尋器輸入「印度．唐人街」。在加爾各答仍有少量華人聚居，多年前就有媒體訪問過

大公報 Ta Kung Pao

A1 要聞 ／ 要聞 A24

本報日本直擊

回家真好

外交部全力協助 百港人率先返抵

港人外地需援手 祖國永遠是後盾

大大確診了 未決定留低

碼頭等等等 寒風候佳音

▲日本直擊鑽石公主號 2020年2月20日《大公報》A1、A24

當地華人。記者找到一段短片,片中可見一間中學及醬油廠的外牆寫有中文字,找到線索後,再利用社交網站尋找相關群組,然後逐一聯絡群組成員。

等了兩日,終於收到一位華人的回覆,她名叫李小鳳,是短片內醬油廠的家族後人。經她介紹,記者再成功聯絡上當地一位華人陳永康。祖籍廣東省四會市的陳永康,是居印的第三代海外華人,他曾跟隨代表團訪問北京,轉機時途經香港,也可算跟香港有過一面之緣。

陳永康除了向記者講述當地的疫情發展,還協助本報拍攝當地市況。《印度連線》的報道,立體呈現了當地華人如何生活在水深火熱之中。

印度是疫苗出口大國,但當地獲得的疫苗,對比西方其他國家,仍然非常少,陳永康表示,在有限資源下,政府唯有按年齡,分批為民眾打針,當時 44 歲的陳永康,仍未可以接種疫苗。而且由於疫苗數量不足,打針並非一律免費,有地方政府負擔不起相關費用,只能延後免費疫苗接種時間,或將部分工作轉嫁私立醫院,民眾想打針就要自掏腰包,亦衍生出「疫苗海鮮價」的問題。陳永康很羨慕港人可免費打針,「香港的疫苗供應充足,而且是免費,香港市民真的很幸福!」

連續幾天刊出的《印度連線》,讀者追看,激起反響,《大公報》更是當時唯一獨家訪問印度華人的香港報紙。

過了一段時間,記者再聯絡陳永康,他對香港已經多了一份親切感,「香港是充滿機遇的城市,疫情過後,我希望可以來香港旅遊。」

看喬寶寶訪問

▲印度華人訪問　2021 年 5 月 6 日《大公報》A3

跑了三年的
報道接力賽

大公報記者　梁少儀

2020年1月，農曆年廿八，當大家忙於準備迎接新春之際，香港出現了第一宗新冠肺炎輸入個案。當時，大家都沒有想到，這場疫症會比過去經歷過的沙士更嚴重，持續超過兩年半仍未有結束跡象，更沒有想過，每日有超過一萬人確診的景象會出現在香港。

▲記者直擊爆疫公屋樓層。走廊外冷清清的，只餘下清潔工默默收集各戶的垃圾。

分管港聞部的老總在會議上分享一單「路邊社」消息透露，仁濟醫院的急症室有多名有新冠病徵的患者已等候多日，仍未獲安排見醫生診症，急症室以至病房均極為混亂。

揭露時弊是記者的天職，我當晚立即跑到廣華醫院的急症室，目測雖有人滿之患，但安排尚算有序，於是轉往仁濟醫院的急症室觀察。

在急症室分流區的入口處，有一名醫院職工穿上全套防護裝備駐守。約三米外有一間獨立大房，暫用作懷疑染疫患者的隔離病房，房間的玻璃門需用門外的腳踏掣控制開關。記者稍為走近，職工已緊張地叫記者遠離那房間。

記者唯有隔着玻璃門觀察，房內擠滿了幾十名病人在輪候，有坐輪椅的長者、貼上退熱貼的嚎哭小童、伏在母親肩膊的病嬰、雙眼通紅面容累極的中年男士⋯⋯

這場疫症給新聞界造成的衝擊、帶來的挑戰，也是前所未有的。疫情爆發初期，大家對這種新病毒認識不多，突襲的疫情，率先掀起的是搶購口罩狂潮，全城口罩荒，口罩價格不斷被炒高，天價口罩仍一盒難求。

堅持——「跑現場」 深挖故事

隨着本地感染個案出現，新聞焦點逐漸轉為確診者背景、感染途徑，一個個錯綜複雜的患者群組關係圖，出現在各大傳媒的版面上。

我們的報道方向着重「跑現場」，除了緊貼每日下午四時半的疫情記者會，縱使採訪人手不足，仍堅持派記者到爆疫現場，實地調查，深挖故事。

疫情由第一波發展到第五波，疫區愈爆愈多，慈雲山、水泉澳、葵盛西邨、佐敦、深水埗以至葵涌邨等，我們的記者也跑在最前線採訪。

「記得摸過扶手等公共設施後，不要摸口、鼻、眼，記得要消毒雙手啊！」在第一波至第四波疫情期間，防護裝備不及現在的充足，記者簡單戴着口罩便跑到疫廈採訪居民，那時候，唯有經常提記者採訪時千萬要小心。

冒着感染風險，記者在現場採訪了一篇又一篇的好故事，例如慈雲山爆疫，我們寫過大大小小的特寫，居民生活在一片愁雲慘霧下，甚至不敢告訴別人自己住在慈雲山；記者拆解多個屋邨的爆疫之謎；由首四波直擊居民拉着行李篋連夜逃離疫廈，到第五波疫廈已遍布全港，葵涌邨居民向記者慨嘆：「走得去邊？」

我們亦多次揭示抗疫防疫漏洞，例如 2020 年葵盛西邨爆疫，政府仍不封廈圍堵病毒、只在大廈派樽給居民做檢測；2021 年佐敦爆疫後，全港首次劃出強檢小區，但沒有配合禁足令，我們率先報道現場有如「無掩雞籠」，市民自出自入，圍堵病毒效用成疑。今天回望，當時防疫抗疫措施之鬆懈，確實令人咋舌。

堅守——確診同事在家繼續寫

第五波疫情在 2021 年年底拉開序幕，病毒的傳播力更強，單日確診人數破萬，更曾突破七萬，這波疫情對傳媒的衝擊尤其大，每間機構都有人染疫，我們也未能倖免，同事相繼中招，在最嚴峻的時候，民生組半數人確診。在過去四波疫情走遍各疫區、曾笑說「我相信自己其實已中招多次」的年輕記者，來到第五波真

▲葵盛西邨爆疫　記者現場直擊　2020 年 12 月 7 日《大公報》A1

▲ 2020年12月初，葵盛西邨第八座五樓爆疫，鄰里震驚，當時政府還沒有圍封大廈的安排，住戶連夜出走，離家避疫。

的確診了。

疫情愈嚴竣，採訪工作量愈大，染疫風險更高，人手更少，無限「輪迴」……

疫戰當前，全民皆兵，當時，報館快速調整策略，調兵遣將，文化版、經濟版、中國版、國際版以至後勤部門，各部門均調動人手支援疫情報道。

「如果要做電話訪問可能就麻煩些，因為我不斷咳，擔心對方聽不清楚我的問題。」我還記得，並肩工作多年的夥伴的這句說話，在第五波疫情下她確診了。居家隔離的日子，她在每日快速測試結果仍是兩條線的情況下，強打精神，在家繼續採訪工作，看直播聽記者會，盡量幫助分擔排山倒海的工作量，專業與團隊精神，實在令人感動。

事實上，當時確診的同事，當病情轉輕，沒有發燒，即使快測結果仍見兩條線，也會在家繼續工作。而能夠回公司上班的同事，頂着沉重的工作量，堅守崗位。

第五波疫情至今尚未完結，在下筆寫這篇文章之時，疫情仍然反覆。同一個新聞議題可以持續近三年、出現在每日的新聞報道上，這現象前所未見。採訪疫情的記者，如走馬燈，不斷交棒接棒……到底這場疫情新聞報道接力賽，何時才能跑到終點？

▲追訪疫區居民
2020 年 12 月 10 日《大公報》A2

▲別讓慈雲山成「愁雲山」
2020 年 8 月 3 日《大公報》A3

▲首次封區　佐敦居民心聲
2021 年 1 月 25 日《大公報》A2

▲首封中產屋苑　回訪解封大廈
2021 年 1 月 25 日《大公報》A2

「疫」轉成長

大公報記者　邵穎

「我有重要任務！」

2021年9月初，我成為《大公報》的實習記者，從事日常民生新聞的採訪工作。2022年1月，我完成試用期一個月，便碰上來勢洶洶的第五波疫情，我需要兼顧的工作愈來愈多，部門人手也愈來愈緊張，最嚴峻時，同組半數人都染疫了。還是新人的我，臨危受命，也被「徵召」上大前方，乘着「疫」風，「疫」轉成長。

▲安老院「疫境」求救　2022 年 3 月 9 日《大公報》A1

每日的確診數字由幾百宗、幾千宗，再到高峰期的幾萬宗，我們報道的難度亦隨之幾何級增加，訊息既多且亂，每日下午 4:30 的疫情記者會、還有後來時任行政長官林鄭月娥每天早上出來見記者，均成為兵家必爭之地，行家都會爭取發問。而記者會就像「木人巷」，是訓練問問題技巧的地方。我人生第一次參加記者會，第一次當眾發問，在這個 4:30 記者會上提問，緊張得腦筋發麻！

踏入 3 月，特首每日早上舉行抗疫記者會，首日見記者雖然是臨時的採訪通知，但到場的媒體卻前所未有的多，報社、電視台、通訊社……所有人都爭相舉手提問。當日，主管用 whatsapp 發指示，一有空際就提示我發問，可惜我始終沒有被抽中提問。還有，中期疫情回顧的記者會，那日除了主管「遙距」給我指示，還有好幾位前輩同事給我問題方向，我就在前線代表提問，我感受到一種專業、專注做新聞的氛圍，那一刻，我明白到自己是有重任在身的！

「特稿視角」

疫情最嚴峻時，每天採訪記者會都要寫一篇「特稿」，總結重點、發掘細節、提出問題。

初初落筆毫無頭緒，在主管手把手指導下，我逐步學習觀察、尋找「新視角」、選重點、快速記錄……更要做「挑戰者」，發言人說的不要都「照單全收」，當記者，要有思考，嘗試挖深一點，不要讓對方迴避問題，不單是記者會，其他的採訪都要有這股衝勁。這些技巧，都是從每天的實戰中被「逼」出來的。

我們的使命

疫情下，我們做了許多義工訪問，現場採訪義工活動，需要留意細節，因應不同人的特質提問……

走進「義工圈」採訪，體會到何謂「捨小家為大家」的精神，原來還有這麼多人願意不求回報，成就大我。於是，我也找到了自己當記者的使命——不讓義工們的汗白流！努力把他們的故事寫得生動，讓更多人認識他們無私的奉獻，向社會傳遞正能量。

不推諉不懈怠 強化執行力

讓中小企緩一口氣

龍眠山

快測屬自願呈報 「回穩」恐假象

議員：政府公布確診數字有落差

何來精？！

第五波疫情……

大公報記者 郭如佳 馮馴 劉潼 賴振邦 蘇榕蓉 報道

疫情記者會遠播回應

疫情記者會未回應問題

新增確診
28475 宗
第五波累計512611宗確診

疫情焦點

資料來源：醫院管理局、衞生防護中心

疫情記者會連番回應

- 2月25日

- 3月2日

- 3月3日

- 2月25日

- 2月25日

▲衞生防護中心傳染病處主任張竹君、醫管局總行政經理（整合臨床服務）何婉霞

「我們無補充」

疫情記者會

有議員認為，現時主持疫情記者會……

悲劇！確診新冠三長者輕生

專家：多關心身邊老人

大公報記者 王蒨蔚報道

家人染疫 女嬰突昏迷送院

關注情緒輔導熱線

- 香港紅十字會【救援同行熱線】
- 香港撒瑪利亞防止自殺會
- 生命熱線
- 明愛向晴軒【多項服務】
- 醫院管理局精神健康專線

珍惜生命求助熱線

- 生命熱線
- 明愛向晴軒【多項服務】
- 醫院管理局精神健康專線

市民快測 政府須抽樣核酸覆檢

【大公報訊】記者郭詠遙報道

「營營疫疫」

　　香港的第五波疫情打亂了所有人的生活節奏、工作安排。居家辦公無法面對面溝通，更倚賴電子通訊。與手機為伍的日子，每分每秒要留意手機訊息，有時不過是在廚房加熱飯菜，就會漏掉兩通電話。即使未到上班時間，還是每隔幾分鐘便要望望手機……疫情下，生活和工作的界限也變得模糊。那段日子，過得不容易，時不時想打退堂鼓，但都挺過去了，經此一「疫」，上了寶貴一課。今後的記者生涯，我會繼續努力。

萬人同製防疫包

▲直擊逾萬義工為抗疫貢獻力量　2022 年 3 月 31 日《大公報》A1、A16

我是「疫情插班生」

大公報記者　王亞毛

2022 年的香港，第五波疫情來得快，由最初的每日幾十、幾百宗，一路攀升至幾千、幾萬宗。隨着確診人數愈來愈多，亦令許多社會問題加劇：公營醫療系統幾近崩潰、疫下留家「困獸鬥」令住屋痛點更凸顯……在這樣的大環境下，反讓我這個初出茅廬的小記者有了成長的機會。

▲疫情記者會「運作」了兩年多，專家、醫生們在會上會交代確診者編號、懷疑感染途徑、群組資訊等，記者要像偵探查案般，從一大堆資料中提煉重要的訊息，梳理出確診者的關係圖表。

疫情記者會的摩斯密碼

我在 2021 年 7 月加入《大公報》，第五波疫情剛開始時，我才入職半年。當時我主要跟進疫情新聞，特別是每天下午四點半的疫情記者會。聽記者會就是坐着抄筆記便可以嗎？非也。

疫情記者會已「運作」了近三年，我是「疫情插班生」，第五波才開始聽記者會，我需要加倍努力才可跟上「節奏」、並慢慢學習問答技巧。記者會上跟着「疫情走勢」，要懂得「問」；向主管報料必須消化資料，對她的提問要懂得「答」。

另外，記者會上，專家、醫生們會交代確診者編號、懷疑感染途徑、感染過程、不同群組的資訊等。初聽記者會的新人，聽着一堆如摩斯密碼的數字、編碼、地名自然是一頭霧水。聽完記者會，還要像偵探查案般，從一大堆資料中提煉重要的訊息，梳理出確診者的關係圖表。看似簡單的圖表，背後花的功夫、過程中的學習，並非三言兩語可表達。

▲最後的疫情記者會 最後的提問
2022 年 9 月 25 日《大公報》A2

一條問題的重量

後來，時任行政長官林鄭月娥每日在政府總部舉行抗疫記者會，每天到現場提問，又成了我的工作日常。為了「不卡殼」流暢發問，我緊張得在記者會前不斷練習，輕聲念出問題，重複多次，直到聽上去比較流利。還有下午疫情記者會上的提問時間，日進有功，有了好幾次經驗後，發問也淡定多了。

記者會上，向官員提問，我覺得這實在是鬥智鬥力的過程。我會不斷提醒自己，不要輕看每一次發問的機會，我們的問題是為市民而問、為大眾發聲，責任重大。好記者需要發現問題，也要懂得提出問題，我在主管、前輩的教導下，每天都在磨練、學習。

最後的疫情記者會
我問了最後的問題

誰會想到疫情記者會成為「長壽節目」，自 2020 年 1 月底起，記者們「日日聽、日日問」。終於，2022 年 9 月 24 日兩年多的記者會迎來尾聲。我這個「疫情插班生」問了最後一條問題：是否希望這次是最後一次疫情記者會？

記者會的「台柱」衛生防護中心傳染病處主任張竹君答道：「當然希望這是最後一次記者會，我亦趁這機會祝大家身體健康，生活愉快。大家繼續堅持和努力！」

▲安老院舍淪陷　2022 年 3 月 5 日《大公報》A1

▲傳播關係圖 考驗記者整理資料能力
《大公報》2022 年 1 月 5 日 A1、2022 年 1 月 11 日 A2

一聲咳嗽，膽戰心驚

除了疫情記者會，我也穿梭在前線採訪，指定診所、社區檢測中心、方艙醫院等，這些都是最有機會接觸到確診者的地方。

疫情高峰期，各區指定診所剛開始提供服務，某日，我要前往位於九龍灣的指定診所觀察，雖然沒有想像中有大批市民等候的情景，但每隔幾分鐘就有抗疫的士到達診所門口接送確診市民。我甚至能清楚聽到五、六米外，確診者的咳嗽聲。我即使已穿了防護衣、戴了兩個口罩，仍會感到心驚膽戰，只能一邊拉緊口罩、眼罩，一邊記錄現場情況。

那段日子，我每天重複寫着「某某大廈」、「初確」、「群組再擴大」、「圍封」、「強檢」等字句，每晚與主管埋首在各種疫情稿件中，看不到盡頭。其間聽着同事電話訪問專家的聲音、電視循環播放各區圍封檢測的新聞……日復一日在奮鬥，日復一日在成長。

▲隱形傳播鏈「群」起　2022 年 1 月 6 日《大公報》A2、A23

除了引擎聲，
什麼都沒有

大公報記者　伍軒沛

2020 年 1 月，香港出現首
宗新冠確診病例，對我來說亦開
始了我與疫情長達近三年的「追
逐戰」。

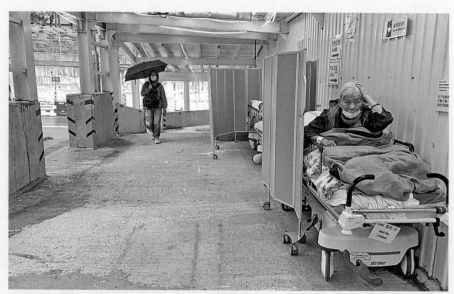

▲疫戰兩年多，記者利用鏡頭捕捉了許多「疫境瞬間」，為歷史留紀錄。

　　從第一波跑到第五波，從群組式爆發演變成社區擴散……水泉澳爆疫之謎、慈雲山孤島疫境、葵盛西邨疫邨驚魂、每日突擊封區檢測，還有殮房爆滿屍疊屍的荒誕……跑在最前線，我見證市民由恐懼疫情，再到齊心抗疫的種種變化，還記錄了許多充滿正能量、感人至深的故事。當中，有好幾個場景我印象特別深刻。

　　爆疫初期，防疫政策還未完善，確診者需先在家等候。為了尋找居家的確診者、訪問附近居民了解他們的心情、實況等，當時我是「不顧死活」日日在「疫區」東跑西跑。正當大家對眼前這種新病毒仍是充滿疑問之際，我已經過着每天與確診者僅一門之隔的日子。

異常安靜的女人街

　　經常在街頭穿梭，我漸漸發現，香港的大街小巷變了樣。街上原本熱熱鬧鬧

▲直擊印傭確診大廈非法私竇
2020 年 8 月 14 日《大公報》

▲不夜城變「死城」
2020 年 8 月 10 日《大公報》A10

的人群消失了，變得異常安靜，兩旁的店舖紛紛招租，這些情況在上水、旺角、尖沙咀最為嚴重。一位在女人街擺檔的女檔販和我說，她很擔心疫情會持續下去，她已經超過三個月沒有生意了，一個單親媽媽，頂着檔租和房租的壓力，她在苦苦掙扎。

我猶記得當時的畫面──能看到盡頭的女人街，寥寥可數的檔子中，坐着一個等待救命錢的婦人。不知過了多久，我走過那地方好幾次，攤檔的架子還在，人再也不見了。

除了引擎聲，什麼都沒有

有了在前線採訪的磨練，加上主管的細心指導，我學會留意「細節」。

怎樣從報道中反映當時市面，以至市民生活習慣的轉變呢？誰又會對街上變化有最深刻的體會呢？2020 年 4 月，我訪問了兩位巴士車長，駕着巴士日夜在路上行駛的他們，感受最「貼地」。於是我寫了一篇《除了引擎聲，什麼都沒有》的報道。

「有時候我會感到難以置信，這暢通無阻的馬路與街道，真的是旺角嗎？」當時入行已七年的巴士車長袁鳳儀說，疫情下，駕着巴士走在馬路上，看到馬路兩邊店舖一間接一間倒閉，街上愈來

▲疫情高峰期，市民減少出街，昔日熟悉的乘客不見了，巴士車長面對空盪盪的車廂感受至深。

愈冷清，車廂內也不見了昔日熟悉的乘客，也聽不到往日的吵鬧聲，「有時候，全程車可能除了引擎聲，什麼都沒有。」

　　駕駛通宵巴士線的車長陳嘉順，經歷了兩次疫症襲港，「大家都喜歡用沙士和現在（新冠肺炎）比較，但沙士時市民哪有不敢出門？」回想那年沙士爆發，陳嘉順入行不久，當年大家都認為，不去醫院和淘大花園就安全了，不像今天，大家減少出街。那時經濟不好，搭不起的士，搭巴士的人反而多了，現在車上只得寥寥數人。

　　大時代下一些「細節」、一些畫面，成為記者筆下的題材。這些報道，若干年後，都會成為歷史印記。而我，有幸成為其中的歷史記錄者。

圍封日常　記者的「街頭飯團」

2020年7月，政府首次實施晚市禁堂食的防疫措施，這兩年間，禁堂食措施也經歷數次收緊、放寬……以往從沒想過自己會站在街上吃飯，為了採訪，我也參加了「街頭飯團」。

2021年1月23日，香港首次實施「封區」，油麻地及佐敦一帶「受限區域」包括東至吳松街、南至南京街、西至炮台街、北至甘肅街。由於事出突然，封鎖區內有粥店還來不及收拾就被封了，一條條排列整齊的油炸鬼還擺放在保溫箱中，一切就與日常無異，只是店內空無一人。

那一刻，時間好像靜止了，只有檢測人員忙亂地在街上穿梭，或許那天就是油麻地區最安靜的一天了。

這天後，開始了突擊圍封行動。每每晚間就有封樓行動，左手飯盒，右手維他奶成為我在疫區的日常。

說到我與封區最近距離的一次，要數北角東發大廈的突擊圍封。那一晚收到即將圍封的消息，我馬上走到現場尋找居民個案及了解現場環境。我正與車房的負責人談及若封區，他要如何回家時，突然一陣急速奔跑的腳步聲傳到耳邊，轉頭一看，只見警員已用迅雷不及掩耳之勢拉着圍封帶跑過去，我就這樣被封在裏面。怎會想到，記者與被訪者頓時同病相憐，需要各自尋找回家之路。

直闖確診大廈　揭非法日租「私竇」

2020年8月，一名35歲女印傭確診，她曾居於旺角長興大廈的外傭宿舍，宿舍內至少有六名互不認識的外傭同住。當時有消息指，長興大廈內有多個非法宿舍，於是我也走到現場了解，其間發生了一些驚險小插曲。

長興大廈外有數名南亞裔男子，我在大廈外觀察了好一段時間，慢慢引來他們注視的目光，他們似乎發現我並非只是站在路邊那麼簡單，其中一人竟開始尾隨着我。

我感覺不妙，於是馬上開始行動，衝進了長興大廈。也許因媒體爭相報道，多個樓層人去樓空，單位僅剩床架、衣櫃及一些生活用品。

我在一些懷疑用作非法宿舍的單位外觀察，並逐一拍門，嘗試了解內部情況。

▲ 2021 年 1 月 23 日，香港確診宗數破萬，政府首次實施圍封強檢，圍封佐敦指定區域，在 48 小時內完成區內百幢大廈約 10000 人的強制檢測。

有些單位，門內明顯傳來外傭的對話聲音，但卻無人應門。

為了證明這些單位內尚有人居住，我靈機一觸，跑到後樓梯的電錶房，然後死死地盯着那個單位的電錶，20 分鐘過去，電錶輕微轉動了。就是這輕輕一下，我找到證據，證明單位內還有人居住。

我們連日追查得悉，長興大廈內有多個涉嫌無牌「日租」給外傭留宿的「私竇」。有地產代理表示，油尖旺區舊樓存在這類單位，專向外傭日租床位圖利，估計月賺萬元。

報道出街後，引發社會熱議有關外傭宿舍的種種問題，包括居住環境擠迫、衛生情況欠佳、涉嫌違反樓宇用途等。當時亦有立法會議員指出，事件反映有人涉嫌無牌經營床位寓所或旅館，認為政府應嚴厲執法。

疫區危險？我照去！

近三年的疫戰，最驚心動魄，無疑是第五波疫情了，這是全港市民感受最深、社會大眾代價最慘烈的一次。

我見證着，市民由恐慌到站出來齊心對抗疫情的心理轉變。

當公營醫院已經難以承受每天過萬名確診者，方艙醫院還在趕建當中，許多染疫市民只能留家隔離，面對檢測物資、藥物嚴重缺乏時，有市民還是願意站出當義工傳播正能量。

2022年2月底，我聯絡了站在前線、為在家隔離者送物資的義工團隊「香港同心總會」的召集人華姐，並跟隨義工團隊，直擊他們運送物資到各家各戶，也是我與病毒走得最近的一次。

一行人派送抗疫物資，白天出發，一直就派到深夜，送的幾乎都是劏房戶，劏房一般都有兩扇門，樓道空間狹窄，有時候我們與染疫者相隔不足一米的距離。我們穿過無數昏暗的街道和濕滑的樓層，印象最深刻的是，我們一行人都穿上了保護服，每每經過有人的地方，總會聽到市民驚訝地問：「嘩！呢棟大廈咩事？點解有衞生署嘅人嚟？」

由於不能直接與確診者接觸，義工們只能把物資放在門外，然後重複三步驟：敲門、後退、等待。遠遠看到他們開門領了物資，再關上門，義工才安心離開。「每個個案都叫人心酸，只希望能夠幫助他們，讓這些困在家中的染疫市民能夠堅持下去，一起打贏這場硬仗。」

一直在前線跑，疫區、疫廈、多個爆疫相關地點我一一走過，與病毒要多近有多近，我一直疑問，到底我是不是對新冠病毒有抗體？或者我已多次染疫但我是無症狀患者？直到2022年3月某日，我如常外出採訪，放工後我卻突然發高燒，終於，我也確診了。與病毒苦戰一周，我深深體會到那些無論是獨自在家、帶着孩子的，還是貧病交加的確診者，他們是多麼的辛苦！

確診的經歷讓我更希望為受疫情影響的人發聲，更真實地反映社會狀況。這經歷讓我在以後的採訪中，如死亡潮來襲、安老院舍爆疫、方艙醫院建造故事等，走得更前，寫得更快、更好！

▲封區新策 首戰佐敦 2021 年 1 月 24 日《大公報》A1、A22

第六章　新聞獎・新標竿

HPV疫苗震撼彈

記者，一個記字，記盡天下事。新聞背後，有時不比見報的報道遜色，甚至精彩得可以落筆再展開另一個故事。

2019年，我們得到一個好線索、好策劃、好故事……

大公報
Ta Kung Pao

一九○二年創刊於天津 權威華文媒體先驅者

2019年4月29日 星期一
己亥年三月廿五日　第41847號
今日出紙二叠七張半　零售每份十元

報料熱線
9729 8297
newstakungpao@takungpao.com.hk

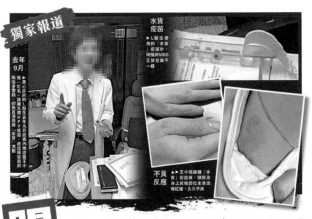

獨家報道

去年 9月

水貨疫苗
‧醫生便用的「水貨」疫苗‧明與MSD正貨包裝不一樣

不良反應
▶王小姐接種「水貨」疫苗後，頸部及身上其他部位皮膚出現紅腫、久久不痊

踢爆

以正版疫苗誘內地客　近萬元打三劑
港驚現HPV「水貨針」

「水貨」九價子宮頸癌（HPV）疫苗驚港！大公報獨家揭發，有不良診所醫生為謀取暴利，以正版美國默沙東藥廠九價HPV疫苗招攬內地客，兩魚目混珠，令成來歷不明的水貨疫苗為客人接種。有人注射「水貨」疫苗後，出現嚴重過敏反應。始終轉真行徑被揭後，涉事醫生竟諉過失使用水貨疫苗：「疫苗只是從德國調運來，不是假的。」該診所稱已經申報的羞有可疑繼續此違法行為。醫學會會長指，該種未經申報疫苗屬刑事罪行，經查屬實，可被刑罰及吊銷醫生執照。

去年11月

▼去年11月底，王小姐來港到診所購疫苗副作用，引醫生轉承認是「德國進口」的「水貨」

▲A1醫生初時拿出正貨疫苗針攝轉

疫苗陷阱
大公報記者劉心報道

售水貨針可判監

衛署被轟把關不力害市民

客追問 醫生自認「水貨」

正貨水貨 藥廠教辨真偽

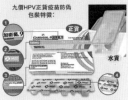

乏溫度監控容易變質
隨時失效引發副作用

▲獨家揭發 HPV 疫苗陷阱　2019 年 4 月 29 日《大公報》A1

「我特地從內地遠道而來，到香港診所注射唯一獲衛生署註冊，屬美國默沙東藥廠的九價 HPV 疫苗，就是因為對香港疫苗監管比較有信心。但最後我發現自己接種的疫苗，竟然是來歷不明！」

2019 年 4 月，《大公報》收到報料，香港鬧九價 HPV 疫苗荒之際，卻有專做內地人生意的診所，針藥供應「源源不絕」，來歷可疑。

我們的記者深入追查，發現有不良診所醫生為謀取暴利，以正版美國默沙東藥廠九價 HPV 疫苗招徠內地客，再魚目混珠，換成來歷不明的水貨疫苗為客人接種。

我們接連推出「HPV 疫苗陷阱系列」，成為社會熱話，內地及本港網民點擊率逾億，大批苦主來港查問及要求退款；相關診所及公司先後搬遷或結業，相關人士被追究法律責任。這個系列報道投下震撼彈，令這些不良銷售機構絕跡香港。

「HPV 疫苗陷阱系列」先後奪得香港報業公會 2019 年最佳新聞獎「最佳獨家新聞冠軍」和「最佳新聞報道冠軍」、第 20 屆消費權益新聞報道獎「文字組別（調查報道）」金獎及文字組別「20 周年年度大獎」。

這樣一個有影響力的系列報道是如何產生的呢？

晚上的報館，各人都在爭分奪秒，採主與記者商討稿件、埋頭寫稿，打字聲此起彼落、電視新聞循環廣播……終於找到「時間裂縫」訪問分管港聞部的老總，揭開這個揭秘故事背後的故事。

記　　者：這個系列專題投下震撼彈，成功揭示了一單轟動全國的案件，同時也改變了社會大眾對《大公報》的印象。當初是怎樣開始這個調查報道呢？

分管老總：我們收到投訴，有內地人來香港打針（九價 HPV 疫苗），結果出了問題，皮膚紅腫，身上的紅疹更久久不退，回到內地多次到醫院皮膚專科求診亦未能根治。收到投訴，編輯部當然高度重視，我覺得這是重要線索。

記　　者：內地人來港打針，是因為對香港疫苗監管比較有信心，會否擔心這類報道影響兩地關係？

獨家報道

疫苗陷阱
第一心（文・圖）

直擊

醫生「閃電手」撕包裝 只收現金出事難查

「水貨針」診所蠱惑運作

診所職員圍記者 唔刪片唔准走

L醫生唔救報警

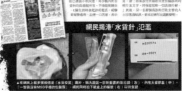

網民揭港「水貨針」氾濫

律師信「揶」客人
只提默沙東生產 不提「水貨」

一針2600 貴家計會一倍
一日生意額料20萬

內地客質疑有「潛規則」

▲「水貨針」來源揭秘　2019年5月2日《大公報》A1

分管老總：當時是有疑慮的，不過，我的判斷是，若處理得好便不怕。不需要迴避兩地人民交流、互動中出現的一些問題，不需要迴避，是需要正視，去解決問題，令大家更有信心。對內對外維護大家對香港「一國兩制」的信心。我們都需要解放思想，出來的效果會是正面的。

記　　者：線索有了，如何開展？這年頭，傳媒行業缺人，特別是如此高難度的調查報道，是鬥智鬥力的長期作戰。

分管老總：我梳理完線索，然後便要考慮交給誰去做。人手不足是長期問題，還要獨立完成這種調查報道，在那時候是不多的。Cindy當時剛來大公，我問她，她一口答應。我們人不多，一位能幹的記者可能什麼都要做。「有辣有唔辣」，對年輕人的成長是好的，可以短時間內提升。Cindy就是這樣一個記者，廿多歲，香港土生土長，我覺得找熟悉本地的記者去跟這單新聞比較合適，會有感覺。

記　　者：前輩說做調查報道，會先做足資料搜集，記者心中有底，手頭掌握一些子彈，然後才轟一炮（放蛇、直擊……），報道再緊接推出。「HPV疫苗陷阱」這個系列是不是這樣挖料、鋪排？

分管老總：這次有點「反傳統」……不得不說，Cindy令我很驚訝，這位同事看上去嬌生慣養，但原來她特別有戰鬥力，嚇你一跳那種，執行力極強。我記得那天晚上，交了這個任務給她，和她交代了一些背景、想法之後，她「唔聲唔聲」第二日已經開始行動，當時我還沒有安排支援的隊伍。

記　　者：有好故事，也需要記者坐言起行的衝勁……

分管老總：Cindy「勇」字當頭，有做新聞的熱情，我們大公報的記者都有這種主動，很難得。她原本打算第一步先探探路，第二求證，第三找資料，第四是盡量聯絡多些苦主……怎知她第一擊就已經「出事」了……

　　九價HPV疫苗當時全球供應緊張，吸引了大批內地婦女來港注射，掀起「打針潮」。

　　尖沙咀及佐敦一帶傳統遊客區，在「五一」期間迫滿內地遊客，但部分人並非來商場購物，而是到樓上診所接種疫苗。

A1 要聞

大公報 Ta Kung Pao

2019年5月3日 星期五

獨家報道

打針畀追蹤商鋪

疫苗陷阱
大公報記者 劉心（文・圖）

追究
「水貨針」氾濫 日日打不停
苦主促衛生署出手

好震驚！

劉小姐（湖南旅客）

游小姐（廣東旅客）

郭小姐（湖北旅客）

旅客版疫苗？原來又係「水貨針」

鳳聲緊 多間診所「勢正派」

「水貨針」涉3宗罪 醫生隨時釘牌坐監

1. **藥劑業及毒藥條例**

2. **進出口條例**

3. **註冊醫生專業守則**

「提示」加價在即 「水貨針」穿煲

氹客先付全數 中介即「蒸發」

▲更多苦主現身　2019年5月3日《大公報》A1

不少專門打疫苗的診所，迫滿「帶埋行李篋」接種疫苗的旅客，一家僅百多二百呎的診所內，可以塞滿超過五十人。他們大部分都是透過微信或網上找中介公司預約打針，三針九價 HPV 疫苗，費用由六、七千至近萬元人民幣不等。診所只收現金或由中介先行收費，一天生意額估計高達二十萬元。

　　診所運作十分神秘，門口水牌以醫學美容中心遮掩，而且只接待內地客，他們只能透過中介預約接種疫苗。接種前毋須體檢，只要求婦女簽署免責協議書。

記　　者：Cindy 單人匹馬直闖旺角樓上診所？

分管老總：對，你可以說 Cindy 是初生之犢不畏虎，她去到診所門口，發現不是
　　　　　打針的都不讓入內。她當然沒有退縮，與一對正排隊的母女聊起來，
　　　　　得到她們的同意，假裝是親戚，陪着打針。

　　記者成功進入診所，直擊診所 L 醫生為客人接種全過程。L 醫生先從櫃桶取出一盒印有美國默沙東藥廠「加衛苗 ®9」的九價 HPV 疫苗針劑，在醫生枱的遮掩下，他再拿出內裏的疫苗包裝膠盒，並以「閃電手」撕走包裝膠套丟進垃圾桶，過程不到五秒。而該疫苗包裝膠套與早前被客人識破的水貨疫苗一樣，並無印上正牌美國默沙東藥廠「MSD 字樣」的公司註冊標誌。

記　　者：記者真的很冷靜，就這樣用手機把過程都拍下了？

分管老總：過去的採訪經驗告訴我們，這種「放蛇」，如果這時候不下手、不去博，
　　　　　是不會再有第二次機會。你可以說她無經驗，亦都可以說她的成功就
　　　　　是因為她無經驗。她很夠膽，就這樣一直偷影着，由展示真針劑、掉
　　　　　包、打針過程，一一拍下來。

記　　者：這次放蛇過程還算順利吧？證據都到手了。

分管老總：好戲在後頭……以為大功告成，Cindy 正準備離開診所，那對母女突然
　　　　　發難：「唔得，你是記者，你剛在偷影……我花了一萬元來打三針，
　　　　　現在才打了一針，錢全付了，你報道出來，那一萬蚊打了水漂，無得
　　　　　打啦……」

▲「水貨針」幕後黑手現形　2019 年 5 月 4 日《大公報》A1

記　　者：明知有問題，不擔心影響健康，反而覺得自己蝕底了？很荒謬，那種
　　　　　愚昧……

分管老總：Cindy 都好愕然，明明是在幫她們，那個媽媽卻說「我使乜你幫呀」，
　　　　　隨即向診所姑娘踢爆 Cindy 是記者，成班職員便圍着 Cindy 不讓她離
　　　　　開，要求她交出手機、電話卡、證件，圍着審問她……

　　翻查報道的採訪手記，當日 Cindy 被困診所，隨即向 L 醫生表明身份，並遞
出記者卡片，亦表明拍攝前已獲那對母女同意，而手機內所有資料均為報館所有，
不得隨便刪去。L 醫生初時拿起診所電話，威嚇要報警處理，Cindy 一口答應，同
意報警，並着其同時聯絡報館跟進。但 L 醫生卻「縮沙」了，放下電話不肯報警。
Cindy 隨後多次向 L 醫生表示應報警處理，他均未有理會，又不肯交還手機，不停
說要刪除手機內所有涉事片段。刪除片段後，診所職員唯恐片段已傳送他人，竟
擅自檢查手機內多個通訊軟件後才放 Cindy 離開。

分管老總：Cindy 被困時打過電話給我，我派了人去支援……當時真的未想到揭開
　　　　　了一個驚天大黑幕，估唔到……我當時還在電話安撫 Cindy 說，「你
　　　　　人身安全就好，故仔寫唔寫都唔緊要，你唔好嚇死我……」

　　一次好新聞的角力就這樣展開了，記者手機的片段後來成功修復成為重要證
據，分管老總後來還設了專組跟進，前後持續兩個月，我們的記者鍥而不捨，愈
戰愈勇，聯絡外國的藥廠、行業內的不同持份者、翻查不同資料。記者找到更多
線索和證據，證明香港存在一個由源頭到市場，一條龍的犯罪團夥。

分管老總：當時我心中有開心也有不開心，不開心是我們的記者被困，開心是「大
　　　　　故仔」到手了，我們收到的投訴是客觀的，情況甚至比我們想像的嚴
　　　　　重，真是又驚又喜，這是做新聞的本能。

記　　者：我記得當時這個系列報道接連推出了多期，之後收集到的線索、個案
　　　　　愈來愈多，在社會上引起好大回響。

分管老總：初時香港這邊新聞界沒有當一回事，但內地的網站大量轉載，我記得當時新浪網轉載我們首篇報道，單日的閱讀量已經超過 1.2 億次，這話題在內地上了熱搜……在這種熱議的氣氛下，這浪潮倒灌回香港，這邊的輿論開始被我們推動，證明了網絡時代新聞傳播互相融合的巨大影響力。在這種傳播形態之下，沒有地方區分，若巧妙用好，很容易互動起來。

記　　者：當時真的有很多內地人來香港打針，這次報道影響的層面很闊，他們山長水遠來打針，既花錢也花時間，當然會特別關注。

分管老總：這是很龐大的市場，成行成市，好多類似的診所，都是做這種生意，賺的錢不是十萬八萬，是幾百萬、幾千萬，甚至億億聲……原來這市場的利潤是如此巨大，好恐怖，全中國有幾多婦女來香港打針？不得了，幾乎一整架飛機都是……所以說，一個禍害，影響成千上萬婦女的健康！

記　　者：《大公報》打響了第一槍，給了內地苦主信心，後來是愈來愈多人去報警吧？

分管老總：是，苦主們還在微信開了群組多謝《大公報》、專門報料給我們，當時真是「收料都收唔切」，他們排隊去報警，之後順理成章，警方立案、拉人「封艇」、送上法庭……就是這樣，徹底解決了水貨針的問題，一個犯罪團夥被我們消滅了！

記　　者：「HPV 疫苗陷阱系列」帶動了輿論方向，也為《大公報》帶來首個報業公會最佳獨家新聞的冠軍，真的是很成功的一次新聞調查報道。

分管老總：最初沒有想過會得獎，出發點也不是為了衝獎，當然後來成為好新聞我們很開心。其實只要你用心去做好新聞，它自然就會是好新聞……我們做這些報道，是一種正義感、要為民發聲，我們是香港愛國愛港媒體，要為港人服務、為內地人服務、為讀者服務，這意識要強！

　　「這是正義的力量！」《大公報》港聞部的分管老總為這個「HPV 疫苗陷阱系列」，給了強而有力的一個總結。

獨家來自對細節的執着

大公報記者　曾敏捷

《大公報》的「新冠檢測睇真啲」系列，獲得香港報業公會2020年最佳新聞獎的最佳獨家新聞亞軍，參賽的獲獎作品雖然只有三個版面，但整個系列有逾20篇報道，背後是《大公報》港聞部多位同事的共同努力。「新冠檢測睇真啲」系列報道有不少獨家消息，但並非靠所謂的「放風」所得，而是源於記者對細節的執着，一步步找到人無我有的新聞材料。

習近平:建設黃河高質量發展先行區　詳刊A7

大公報
Ta Kung Pao
2020年6月11日 星期四

港子午第五萬二千日 第47862號

粵港澳三地免檢疫往返安排最快周內公布，每月新冠肺炎病毒檢測需求料數以萬計。儘管，本港現階段有八間檢測機構獲三地互認，包括五間醫院及三間化驗所，目前從家醫院檢測收費由1500元至2000元，貴一兩之間的深圳違五倍。有私家醫院提早說便，北單價下跌加入檢測名單，業界估計，目前私入市場每日檢測量上限約為3500個，建議政府分階段推出認免檢報名單，以免出現「搶頭位」，但預料隨檢測量增加，價格有下調空間。

新聞追蹤　大公報記者 朱俊賢、曾敏瑾

健康碼互認料周內出台

新冠檢測　減價搶客

新冠狀病毒疫情漸趨穩定，特區政府將推出「健康碼」，供市民通關，三地政府將於互認由認可化驗所驗出病毒檢測結果。食肉及衛生局局長陳肇始早前接受《大公報》專訪時透露，市民往三地時，須自費提交病毒檢測，同方已與私家醫院洽商推行，呼籲準備下地旅客手。

港收費貴深圳五倍

據悉，本港現階段有八間檢測機構獲三地互認，包括五間醫院及三間化驗所。綜合多名業界醫療，目前率先進出20人以上的企業病毒檢測費，已減價500元至2000元。醫院普遍有兩種，另勞力提升檢測數量，希望六月底增加每天測試量一度至400個服務。

港家醫院向《大公報》查詢時透露，香港最快安排港客檢疫時或往澳門，已與人員港澳三地的互認名單，主要需求每日可安排300個檢測量，主管港客可每日下跌要約200個名單，並已強調於下星期有8間醫院獲加港每日500個至300個，測試費用為1500元。參加者可享安隊可慰除勞整的健康證明手續。

另一間有價護五星病毒的港怡醫院稱採取稱，現階段政府提供新毒病測湖，現時有病毒測60至100個案例，目估價格可望下行至每日旅可安排到200至250個測試。現時收費為1600元。最快可於兩小時收到結果，每日人手同力量每日可做的化驗測試，料亦可逐步提升至每日每日300個…

供優惠價格。

在本港私家醫院進行檢測，一個樣本需要通過三元，相同都已有了深圳；有別的深圳及珠海口岸環境供的病毒檢測採取早期接受《大公報》專訪時透露，市民往三地時，須自費提交病毒檢測，本港私人檢測需求約為千戶，以他所知期每日有數千個需求，但由於目前私人市場每日可做到3500個檢測；目前即使有多至3500個，每日即分「搶頭位」，因為其他許多人需受測，加上一手早期不至少需要，很嚴每日加入至認免檢報名單，也就多個出入境。

業界憂現「搶頭位」

中大醫學院院取與倫敦政府提供免費新冠肺炎檢測，中大醫學中心亦亦有提供個別大型防疫病毒服務費，收費1500元。中大醫院管理層要求本院送體出一，目前私人市場每日可做至3000個至3500個，每月估需每分150元量「搶頭位」。因為現有不少人化驗所需現每天需求上升，但亦需求待多手配預約日期，而只有人手限制。至於減價現實現，胡志遠指出，如果大量檢測，或不同化驗所測試的「一手成本」加上人手，機構費，基本上應成本費，「」但他認為如大量檢測」或不同化驗所測試之價一可能，亦可能偏高成本約兩元。

港八機構納名單
私院收費1500元起

	養和醫院	
收費	$2000，不包括醫生診症費	
時間	下午5時前提交樣本，可即日取得結果	
	聖德肋撒醫院	
收費	$1500，不包括醫生診症費	
時間	上午11時前提交樣本，最快即日有結果	
	香港浸會醫院	
收費	$1970，不包括醫生診症費	
時間	最快即日有結果	
	深圳喉德及鼻咽拭子驗過	
收費	$1500~$2000，不包括醫生診症及樣本集集費	
時間	上午9時30分前提交樣本，可即日有結果	
	鼻咽拭子快速測試	
收費	$1800~$2000，不包括費用	
時間	最快兩小時有結果	
	港怡醫院	
收費	鼻咽拭子及深喉唾液快速測試，$1600，不包括醫生診症及樣本收集費用	
時間	最快可於兩小時內提供結果	
	其他認可檢測私院及機構	
	仁安醫院	
	栢立醫學化驗所有限公司	
	香港分子病理檢驗中心有限公司	
	Prenetics基因檢測公司	

▲內地與香港市民往返頻繁，圖為市民深圳灣口岸過關

往返兩地頻繁　港商冀免檢通關

【大公報訊】記者謝瑩報道：內地渠香港工人返回復工，內地渠港商早已安排自月己已至4930宗申請，涉及約8700人。有渠商額注，即使日後「健康碼」可替14至強制檢疫，亦需自費病毒檢測一時間，期間要縮減需檢疫安排每地14天。

目前有27個人士在內地人場可避除每14日隔制檢疫，包括亦內地返廣州到港，中向地提供企計畫要的專業人士等。其中中冀…

核酸測試分兩種　較準確及昂貴

【話你知】城間的新冠肺炎病毒測試，大致分為基因拭檢測及血清快速測試，市民接受檢測時的「深喉唾液手測試」及「鼻咽拭子測試」，都屬於基因感檢測，採進方式不同，前者較而接檢測向人體透是否含有病毒基因，準確度高，是臨床檢診標準，惟有測試費用相對較貴。血清速快檢測則快速測試，價錢相宜，最快15分鐘可知結果，較適用於大規模普查。快速…

▲健康碼互認後，每月病毒檢測需求料以萬計

陳肇始：三地健康碼通關商勢待發

▲陳肇始早前接受《大公報》專訪時提到健康碼通關準備就緒

張勇宋哲來港聽取國安立意見建議　詳刊A3

《粵港澳大灣區》特刊
第9期　明日隨報附送

報料熱線　9729 8297　newstakung@takungpao.com.hk

今天本港天氣預報
大霧天晴
28℃－32℃

▲率先報道　私院檢測減價搶客　2020年6月11日《大公報》A1

時間回到 2020 年 6 月初，疫情爆發近半年，香港與內地有限度通關四個月，往返兩地都要隔離檢疫，但隨着疫情放緩，社會要求放寬邊境檢疫的呼聲日高，《大公報》專訪時任食物及衞生局局長陳肇始的報道引起關注，因為她在訪問中透露粵港澳三地正磋商透過「健康碼」安排，逐步放寬邊境檢疫，待確認整體流程後便會公布推行日期。

「做新聞就要做貼地的新聞」

免檢疫通關要符合什麼條件？什麼地方可以做檢測？做一次檢測要多少錢？市面上有許多不同的測試，是否都有效？港聞部每日的編前會上，與會的編採人員都對免檢疫通關、「健康碼」等話題十分感興趣，大家熱烈討論，提出問題。主持會議的分管老總一句「做新聞就要做貼地的新聞、市民關注的新聞」為「新冠檢測睇真啲」系列定了調。

出於對新冠檢測及「健康碼」的疑問，但向官方正式查詢無果，於是我們從局長專訪時透露「政府近日已跟多間私營實驗室開會」入手，向有實驗室的私家醫院逐間了解情況，或正式查詢，或利用以往建立的關係網絡，或直接查問，或旁敲側擊……終於皇天不負有心人，綜合不同消息來源，我們確定了當時政府還未正式公布、八間獲粵港澳三地互認的檢測機構；而為了豐富報道內容，我們亦同時整理相關機構的檢測收費、各界對通關的訴求、科普核酸檢測等資料。

第一篇報道，我和另一位同事用了半天來整理資料。那天下午，我們一邊夾着電話問回應，一邊上網查找資料，忙着忙着，一直沒有停下來，直至晚上交稿後，我才感覺脖子隱隱作痛，似乎扭傷了。我們開始這篇報道之初，並沒有想評獎的事情，我們認真看待每一篇報道、每一篇稿件，踏實追求專業。

鍥而不捨╳經驗╳新聞觸角

報道引起社會回響，我們繼續乘勝追擊，深入挖掘更多新冠檢測的背後故事：跟進讀者投訴，揭發有檢測公司怪招吸客無王管；政府認可的新冠檢測機構由 8 間增加至 14 間等。除了獨家消息，該系列還緊貼新冠檢測及健康碼的最新進展，為市民提供最貼身、最快的資訊。

▲亂象叢生　檢測公司無王管
2020 年 6 月 18 日《大公報》A1

▲獨家消息　檢測機構增加
2020 年 6 月 24 日《大公報》A2

　　獨家新聞是不少傳媒行家追求的目標，但做到獨家新聞並不容易，需要天時地利人和的配合。而且，若記者沒有深厚廣泛的關係網絡，沒有敏銳的新聞觸角，沒有鍥而不捨的精神和日積月累的經驗，更不可能貿貿然做到備受社會關注的獨家報道。「新冠檢測睇真啲」的獨家消息，其實正是源於對細節的較真，帶着疑問到處「收風」，一步步找到人無我有的消息。

迎難而上找細節

大公報浙江記者　俞畫

新聞界有句行話叫「七分採訪，三分寫作」，即使寫作功底再好，如果沒能找到合適的採訪對象，抑或是找到了人卻無法「誘使」他與你分享更多的細節，都不能成就一篇精彩的報道。此前，我有幸蟬聯三屆香港報業公會「最佳經濟新聞寫作」的冠軍，事後最常聽到的同行提問，不是諮詢如何「妙筆生花」，而是探求如何「尋人挖料」。所以我想借此機會，以三篇獲獎報道為例，分享自己的小小經驗。

在槓桿上狂奔 恒大沒有傳奇

經濟透視

「許老闆正在以肉眼可見的速度瘦下去，第一次讓我對他產生了『廉頗已老』的感覺。」一位在三個月裏連續三次參加恒大集團內部會議的人士透露道。他曾於9月22日深夜通過視頻連線，參加了「復工復產保交樓」專題會。「當時許老闆的情緒還是很飽滿的，講到最後要攜手共渡難關時還有些激動。但我在11月4日參加會議時卻發現，他整個人瘦到連西裝都快撐不起來了。」

大公報記者 俞叢（文／圖）

多地樓盤停工、商票無法兌現、理財公司爆雷、員工停薪留職……誰也不知道多米諾的骨牌從何時何處開始坍塌，最終匯聚成1.97萬億元（人民幣，下同）的巨額債務，將這艘房企巨輪拖入泥潭。今年中秋節，許家印以「家書」的形式致信全體員工，首次公開承認恒大已處至暗時刻。

盲目多元化擴張 埋下禍根

在過去很長一段時間裏，沈群都不確定自己屬於哪個部門。「在恒大，除了許老闆，所有人都是螺絲釘。」她於2016年入職恒大地產集團四川公司，在入職培訓時，一位身着套裝的女性主管鬥志昂揚地站在講台上，對新員工吶喊「恒大是宇宙第一房企」。正是在2016年，「恒大地產集團有限公司」正式更名為「中國恒大集團」，開啟了全產業鏈的布局。

「恒大要堅定不移多元化，經歷了長期而審慎的調研過程，此次是第一次對外宣布。」2014年8月26日，恒大中期業績發布會在港島香格里拉酒店舉行，許家印在會上表示，世界500強企業絕大部分發展到一定規模後，都會選擇多元化戰略。「恒大的規模、團隊、品牌，如果不走多元化戰略，會失掉很多發展機會。」

恒大冰泉三年虧損40億元、恒大汽車投入474億元仍無量產車下線……一項項多元化發展的背後，都是幾十億甚至幾百億的虧損。「賣水也好賣糧油也好，快消品的利潤是慢慢積累起來的，恒大卻用房地產行業的打法來做，想一口氣吃成大胖子，最後就被噎死了。」Rochy曾在恒大冰泉北京市場部工作，在他看來，恒大冰泉虧損是必然的事。

「正常情況下，由於礦泉水是使用頻次較高的場景化快消品，廠家一般都會選擇密集型的線下渠道分銷模式。然而，恒大冰泉的高層卻要求我們把大部分人力物力，都放到商超這個單一渠道裏，因為更利於品牌營銷。問題是，商超的入場費很高，利潤卻很低，賺不到錢。」Rochy所說的高層，是指匆忙上任的恒大礦泉水集團董事長潘永卓，他是恒大地產的老臣。但對於快消品領域，卻是個徹徹底底的外行人。

「我有一次陪潘董在商超視察，他連礦泉水的架子在哪個區域都不清楚，更不要說競品的價格和折扣了。」Rochy吐槽道，只有在包裝和營銷手法上，高層團隊「很專業」，因為「知道怎麼燒錢」。

照搬地產營銷法 處處碰壁

花大價錢請明星代言、策劃輿論引爆點、鋪天蓋地發通稿……房地產行業的營銷模式，被照搬到恒大冰泉的銷售中，創下了20天燒完13億元的壯舉，廣告費用連續三年高於營收，最終虧損40億元黯然離場。事實上，不僅僅是礦泉水板塊，汽車、糧油、文旅等多個板塊的高層團隊都由地產老臣組成。

「這些高層都是恒大的元老級人物，曾經享受過房地產高速發展時期躺平快的紅利。因此在執掌其他產業時，仍習慣套用地產經營模式，往往不惜代價也要『迅速收割』。」Rochy總結道。而人行、證監會、銀保監會12月3日晚的表態也印證了他的說法，認為恒大出現的風險，主要源於自身經營不善、盲目擴張。

2017年，房地產行業全面轉向去槓桿，深陷債務危機的王健林選擇壯士斷腕，毅然拋售了一系列文旅及海外資產，確保了萬達的經營安全。「恒大錯過了2017年的調整機會。」一位長期關注恒大的市場人士感嘆道：「許家印不僅沒有調整，而且還瞄準了另一個燒錢的賽道——造車。」

2019年，恒大開啟了「買買買」的造車節奏，通過大手筆的收購買入核心技術，許家印喊出了「用3到5年時間，把恒大新能源汽車打造為全球規模最大的新能源企業」的目標。「地產與汽車都是燒錢的行業，很少有企業能兩面同時迎戰，這對於現金流的挑戰太大了。」該市場人士質疑道：「況且汽車行業的技術門檻更高，單純的資本購入再做整合難度頗大，許老闆恐怕是大大低估了其中的難度。」

高槓桿難撐燒錢 深陷危局

錢從何處來？恒大依然沿用其一貫的高槓桿風格。業績報告顯示，公司淨借貸比率從2018年的151.9%升至2019年的159.3%，而高額的負債比率，使得恒大承擔了巨額的融資成本。值得注意的是，2019年恒大整體淨負債率高於恒大地產，這意味着恒大多元化布局已然成為鈔票粉碎機，押注造車則進一步擴大了已有的財務風險。

「在我看來，許家印是個很會走鋼絲的人，他一直能在債務和業務增長之間找到平衡。」胡潤百富榜創始人胡潤曾經如此評價。而如今，這樣的平衡正在被打破。一位不願具名的經濟學家指出：「此前，人們普遍認為房地產大而不倒，這也給許家印增添了蒙眼狂奔的勇氣。但在此次危機中可以看到，政府對於房地產行業去槓桿的決心，是持之以恒的。」

「房地產是資金密集型行業，需要龐大的現金流，所以我們必須全力以赴復工復產保交樓。唯有這樣，恒大才能恢復銷售，才能保障業主權益，才能確保財富投資者的順利兌付，才能逐步解決上下游合作夥伴的商票兌付，才能陸續不斷歸還金融機構的借款。」深陷至暗時刻，許家印終於意識到現金流的重要性。「做別人不可能做的事情，做別人想不到的事情，做別人不敢去想的事情。」十年前出版的《恒大傳奇》一書引述了許家印的這句話，十年後的今天，不知道已經63歲的他，還有沒有傳奇再續。

▲恒大多元化發展的背後，都是幾十億甚至幾百億的虧損。

▶許家印處理恒大債務危機，已顯得捉襟見肘。

一位員工的內部「流浪記」

現身說法

一直都不確定自己屬於哪個部門的沈群，畢業於西南某大學的新聞專業，出於對世界500強企業的嚮往，她將簡歷投到了恒大，應聘的是宣傳崗位。「我入職時恰逢恒大天府半島推新盤，整個部門都被拉去『湊人頭』。」所謂的「湊人頭」，是恒大地產一個不成文的規定：但凡有新盤推出，所處區域公司的每位員工都要肩負起「擠場面」的工作。「人頭數量是有硬性指標的，像我這樣的新人被要求每周帶5位客人去看盤，老人的指標會更高些。」

二線城市房價集體飆漲，是2016年整體樓市的顯著特徵。「天府半島並不愁賣，但領導依然要求我們去現場排隊，營造出粥少僧多的緊迫感，這樣那些真正來看盤的人就會搶着下單了。」首付2.4萬元（人民幣，下同）起、開盤享八五折、每平米送1500元精裝的宣傳口號，外加開盤同日舉辦的「2016年中國好聲音成都海選」，將整個區域都堵得水泄不通。最終，該項目熱銷33億元，也使得恒大首次超越保利成為當年成都樓市的銷冠。

2017年底，自稱「剛愛上串串」的沈群被一紙調令「發配」到了貴州畢節。彼時許家印風光無限，在全國兩會上作了主題為《脫貧攻堅 重在精準 貴在落實》的發言。「許老闆回來後，宣布要以更具體的行為落實扶貧，並作出了派駐恒大員工扎根鄉村的決議。」就這樣，沈群來到畢節，成為恒大集團大方扶貧公司的一員。「我主要負責媒體接待、拍照攝像、撰寫通訊稿等。」

一直被通知 直到停薪留職

經過三年半的扶貧生活，沈群於2021年初回到四川，原以為該去公司報到的她又被通知調去了恒大旅遊集團四川公司。原來，就在沈群被派往畢節的同年，許家印還做出了另一項重大決議：全力布局文旅板塊，用2至5年的時間在國內建成15家「恒大童世界」主題樂園，成為全球規模最大、世界第一的頂級主題樂園。「宇宙第一房企打造世界第一樂園，這段話在很長時間裏都是我們新聞通稿的備選標題。」

2021年9月，隨着恒大集團陷入至暗時刻，沈群的新公司又被艱難地併回了老東家。曾經豪言「為重慶再造中心」的超甲級寫字樓顯得暗淡無光，與周邊新興的、蓬勃發展的科技公司形成鮮明對比。「食堂停了、飲用水供應停了、快遞停了、保潔停了……」10月底，沈群等來了留職停薪的通知，她坦言早已是「意料之中」。「入職恒大以來，我好像一直都在『被通知』，是不是有些悲哀？」

恒大近期事件簿

- 12月16日：傳恒大被追債840億元人民幣（約1025億港元），約爲其市值5倍。
- 12月6日：恒大設立「風險化解委員會」
- 12月3日：廣東省政府約談許家印
- 有債權人追債2.6億美元
- 12月2日：旗下廣州凱隆置業減持嘉凱城，涉資約1.45億元
- 11月26日：傳廣州市政府旗下公司接管恒大足球場
- 11月25日：許家印場外減持股份套現，涉資約27億元
- 11月19日：恒大汽車配售9億股，每股3元，集資約27億元
- 11月18日：恒大出售恒騰網絡套現超過20億元
- 11月10日：恒大汽車配售約1.75億股，集資約5億元
- 11月初：恒大將旗下創盈財務向屯門珊瑚海業主借出的貸款，再按予另一財務公司借款套現，約3至4億元
- 10月底：許家印將持有的香港山頂布力徑獨立屋抵押予銀行借款約3億元
- 7月至11月：許家印向恒大注入超過70億元人民幣現金

大公報製表

▼許家印在內部會議上坦承集團已陷入至暗時刻。 受訪者供圖

▲人去樓空的售樓處。

成敗皆賭性 小錢辦大事

負勢翻上

創業25載的許家印，不是沒有經歷過至暗時刻。有一則廣為流傳的故事：2008年，次貸危機席捲全球，恒大地產上市折戟，陷入債務危機，彼時有媒體報道稱，其資金缺口高達150億元（人民幣，下同）。正當市場普遍認為恒大很快就要倒下時，許家印卻跑到香港「打牌」。《恒大傳奇》書中引述許家印的話說：「恒大暫時停止了IPO後的三個月，我主要精力都在香港，差不多可以說在牌桌上混了，瘦了四五斤。」

牌桌的對面，坐著被譽為「珠寶大王」的香港巨富鄭裕彤、華人置業主席劉鑾雄、中渝置地主席張松橋等人，有時牌癮大，他們夜晚十一點才開牌局，隨手一打就是一個通宵。

三個月後，「牌友」慷慨解囊。一年後的2009年11月5日，恒大地產成功登陸港交所，當天股價大漲34%達到4.7港元，而憑藉68%的持股比例，許家印以480億港元的身價，一舉成為當時的內地首富。

事實上，許家印的賭性並非是在大佬的牌局上養成的，早在恒大獨立運營的第一個項目——金碧花園的實踐裏，其「賭徒」的性格就可見一斑。彼時，囊中羞澀的許家印選中了污染嚴重、無人問津的原廣州農藥廠地塊，只是因為其價格便宜——500萬元，在當時寸土寸金的廣州市海珠區，已然是一個「白菜價」。在一次集團會議上，許家印曾回憶道，一個沒錢的人想要辦大事，怎麼辦？只有用最少的錢，買更多的地。

1997年6月，金碧花園破土動工，「沒錢」的許家印採用了施工單位代資的開發模式。兩個月後，施工單位建完第一層，達到了期房發售的條件，許家印立刻推盤，首期323套住宅因為「小戶型、低價格」的定位一售而空，當日回籠資金8000多萬元。通過金碧花園的成功實踐，許家印確立了許多影響至今的戰略：「短平快」的運營策略、「開盤必特價、特價必升值」的銷售口號，以及「花小錢辦大事」的槓桿手段。

輿論造勢 花錢絕不手軟

營商之道

錢廣濤對許老闆的吝嗇印象極深，作為恒大華東區域某三線城市的部門負責人，他很難理解為何像他這樣「山高皇帝遠」的機構，連每個月的水電用量都需要上報總部，一旦某個月用多了，還需要寫檢討甚至罰款。錢廣濤告訴記者，恒大在業內以中央集權的軍事化管理制度出名，每位入職員工都會收到一本由許家印親自編寫的《恒大學習資料》，其內容包含了幾千條規章制度，涉及員工吃穿住行的方方面面。

但與此同時，許家印在輿論造勢上「花錢絕不手軟」。2011年4月2日，中超聯賽開幕式在廣州天河體育中心盛大上演。為了讓開幕式不同以往，主辦方恒大邀請了包括孫楠、陶喆、韓紅、古巨基、容祖兒、蔡卓妍、周筆暢、周曉鷗等八位巨星為開幕式聯袂獻唱，半小時「燒」掉5000萬元（人民幣，下同）。事後，許家印回應道，中央台打廣告的話，一秒鐘大概15萬元，我的這場開幕式吸引了300多家媒體，從宣傳效果來講，太值了。

▲恒大集團各省公司董事長率班子成員簽署軍令狀。 恒大集團官方微信號

▲探尋恒大崩塌原因 2021年12月23日《大公報》A18

▲記者「撒網式」尋人。

▲記者以「受害人」的身份混入多個恒大維權群。

託關係　厚臉皮　控節奏　卸警惕

019 年年末，「51 信用卡涉嫌委託外包催收公司尋釁滋事，被杭州市公安局突擊偵辦」的新聞在網路上傳得沸沸揚揚，引發了人們對網貸平台與其背後的催收公司的關係的追問和思考。在這樣的背景下，我收到編輯部領導的消息，由於之前我連續兩年追蹤報道了網貸平台的「爆雷」故事，他想讓我再挖得深一些，看看能不能將其背後的催收公司也寫一寫。

整個「尋人」的過程花了近一個月的時間，中間大約聯絡過六七個人，但對方要麼是聽到我的「諮詢」覺得不對勁就掛了電話，要麼就是層級太低「一問三不知」。最終，透過公檢法一位老朋友的關係，我找到了勇哥，他在催收行業做了 20 多年，年輕時自己上門要債，後來成立了公司，鼎盛時期手下養了兩百多號人。這是一個幾乎「完美」的採訪對象！

然而，採訪勇哥並不容易。從他勉強答應見面開始，前後放了我三個鴿子，還換過一次採訪地點。面對這樣明顯想製造「困難」阻礙採訪的對象，記者唯有厚臉皮地一次次去磨，磨到對方不好意思拒絕，被迫見面為止。最後，我根據電話指引，在杭州濱江某寫字樓裏見到了身穿筆挺西裝的勇哥。

與採訪前的推脫相比，見了面的勇哥極為「客氣」，大談公司業務的轉型升級。為了「逼」他開口，我開始單刀直入帶起節奏來，

▲記者採訪到了連續三次參加恒大高管視頻會議的員工，他感慨許家印「廉頗已老」。

我說勇哥，你這西裝下面不會是「左青龍、右白虎」吧？是不是錢賺夠了，所以要「洗白上岸」啊？勇哥明顯愣了一下，然後笑着說，沒那麼誇張，不過西裝裏面確實有三五個紋身，都是當年做催收時紋着嚇唬人用的。一來二去，他逐漸放下警惕，抽着煙回憶年輕時的「英勇」，還吐槽了如今的難處。

在最後的報道裏，我用比較細膩的手法寫出勇哥的「勇」與「難」，從他的身上我們可以看到整個國家對於催收行業的打擊，以及他作為一名比較典型的催收人員的心態轉變。最終，在編輯部領導的點題下，我把「催收」改成了香港市民更易理解的「收數」，並以《收數江湖：野蠻生長的罪與罰》獲得了 2019 年香港報業公會「最佳經濟新聞寫作」的冠軍。

善追問　挖細節　談對比　講故事

2020 年財經界最大的黑天鵝，莫不過於「螞蟻集團暫緩上市」事件了，它的戲劇性不僅僅體現在「史上最大 IPO」——2.1 萬億元的市值上，更體現於其夢碎

▲網貸平台背後的催收公司
2019 年 12 月 23 日《大公報》A21

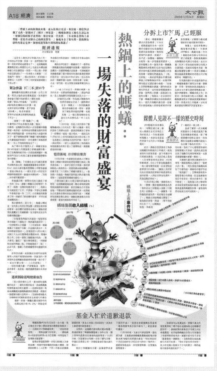

▲螞蟻員工的造富故事
2020 年 12 月 24 日《大公報》A18

於「臨門一腳」，在上市前夜喊停。這樣的歷史性事件，對於任何一位記者而言都是「新聞富礦」。但縱觀市面上的新聞報道，幾乎都是從周邊的角度去寫，真正能採訪到內部故事的寥寥無幾。那麼，我究竟是如何挖到所謂的「深喉」呢？

這就要從 2020 年 10 月說起了。彼時，螞蟻集團正在如火如荼地做路演、搞募資，行事十分高調。編輯部領導找到我，希望我從員工的造富故事入手，去寫一間科技公司的成長。在企業的上升期，找人談「成功經驗」並不是一件難事。為了讓內容更為豐滿，我前後採訪了五六位螞蟻集團的員工，積累了不少素材。11 月初，我的報道即將完成，就等着 4 日螞蟻集團上市的新聞出來，再補充一下

▲多地樓盤停工、商票無法兌現、理財公司爆雷……2021年年初，恒大集團的多米諾骨牌一塊塊地坍塌，欠下1.97萬億元巨額債務。圖為受害者到恒大集團抗議。　受害者供圖

新的市值和員工反應就可以交稿了。

　　沒想到，就在11月3日晚間，上交所和港交所幾乎同步發布消息，暫緩螞蟻集團上市進程。一夕之間，螞蟻集團的命運徹底反轉，地鐵裏有關花唄的燈箱廣告被連夜拆除，無數盛裝奔赴上海參與上市儀式的嘉賓、記者被委婉轉告了這個消息。更加錯愕的是那些將命運與公司深度捆綁的員工們，他們或驚恐或嘆息，一時之間不知該何去何從。而此時，螞蟻集團內部也下達了「封口令」，要求員工不得接受任何採訪。

　　在隨後的日子裏，我一邊通過周邊採訪（包括參與螞蟻募資的基金人、受邀去上海參加上市儀式的媒體人等等）補充更多的背景資訊，一邊隔三差五以朋友的身份約螞蟻員工們出來喝酒，再慢慢通過酒精與關心消除「封口令」所造成的阻礙。最終，我重新採訪到三位內部員工，其中一位還以高管的身份進入了當晚線上召開的緊急會議，他為我提供了會議的內容與截圖。

　　從10月採訪螞蟻員工去了解他們的造富故事開始，我前前後後改了三版，寫了一萬多字。當我面對龐雜的採訪內容而不知所措時，編輯部的領導發來一句「你

放開寫，後面交給我」，讓我倍感安心與溫暖。在他的鼓勵下，我不再糾結於字數的超載，放心大膽地為報道加入了更多細節。最終，憑藉細節滿滿的《熱鍋上的螞蟻：一場失落的財富盛宴》，我蟬聯了 2020 年香港報業公會「最佳經濟新聞寫作」的冠軍。

善用網路　大海撈針找對象

多地樓盤停工、商票無法兌現、理財公司爆雷、員工停薪留職……2021 年年初，恒大集團的多米諾骨牌一塊塊地坍塌，最終匯聚成 1.97 萬億元的巨額債務。到了 9 月 21 日中秋節，許家印以「家書」的形式致信全體員工，首次公開承認已處「至暗時刻」。當晚，編輯部的領導便找到我，想讓我去啃一啃這塊「硬骨頭」，探尋恒大崩塌的原因。

與此前的兩篇獲獎報道不同，恒大總部不在浙江。怎樣尋找到合適的採訪對象，成為恒大報道的關鍵問題。考慮再三，我決定「兩條腿走路」——恒大在浙江有不少專案，其中位於寧波和紹興的樓盤都有了停工的跡象，在那裏能找到焦頭爛額的恒大員工及業主，他們都是「完美受害者」，願意向記者吐槽；另一方面，我擔心普通員工或業主只能觸及恒大問題的表象，所以將「撒網」的重點放在了互聯網。

微博、知乎、豆瓣、脈脈、QQ 群……彼時，我在每一個社交 App 裏，都搜索了「恒大」這個關鍵字。或許是牆倒眾人推吧，我在知乎和脈脈上，看到了許多匿名恒大員工的吐槽；在微博和 QQ 群裏，找到了許多正在維權的恒大業主、材料供應商、被理財產品深套的爆雷者等等。面對恒大這樣的巨無霸，他們毫無還手之力，只能借助公眾平台，用實名的方式上傳舉報材料，試圖能引發輿論關注，從而解決自己的難題。

我以「寧可錯殺一千、不可放過一個的心態」，給每一位可以聯絡到的恒大員工都發了私信，詢問是否願意接受採訪，並承諾保護他們的身份；如果對方是實名舉報的維權者，我就按照舉報材料上的號碼，打電話過去了解情況；我還以「受害者」的身份混入了多個恒大維權 QQ 群，再私信那些發言比較積極的網友，傾聽他們的苦惱與憂愁。

除了大海撈針找對象，我還在圖書館裏借了十五六本與恒大和許家印相關的書籍。在整個寫作過程中，我時常將採訪素材與書裏的故事進行對比，過去的鮮花與掌聲，變成了如今的一地雞毛，令人嗟嘆。最終，或許是被報道「掘地三尺」的精神所感動，我憑藉《在槓桿上狂奔 恒大沒有傳奇》，再次蟬聯了香港報業公會 2021 年「最佳經濟新聞寫作」的冠軍。

設身處地　聰明人下笨功夫

排除萬難地尋覓到合適的採訪對象，如果不能在短時間裏獲取對方的信任，依然無法挖掘出有溫度的細節。在這裏，我想與大家分享自己的經驗——用家人朋友的心態去面對我們的採訪對象。無論有錢沒錢，無論社會地位高低，他首先是個人。面對突如其來的變故時，他也會惶恐，會焦慮，會興奮，會喜悅，會感動……所以，當我們在交流與提問時，一定要設身處地為對方去想一想，顧及他的情緒。

例如在採訪勇哥時，我會把他想像成自己的家人。如果我的家人以暴力催收為生，我會不會為此感到羞愧？每一次遇到偏激的欠款對象時，我會不會徹夜不眠地擔心家人的安全？國家現在重拳打擊催收行業，我會不會擔心家人的事業就此告終，而影響到整個家庭的經濟狀況？在採訪的過程中，我會提出這些問題，並誠懇地分享我的觀點，並感同身受地去遺憾他的失敗、讚譽他的成績、祝福他的未來。

每當採訪結束，回到家後，我都閉上眼睛去回憶整個過程，然後拿出一張白紙，將腦海中浮現出來的最令我印象深刻的話、最觸動到我的細節、我的採訪感受和評價等等，寫在紙上。相信我，此刻你腦海中浮現出來的，一定是成稿裏最精彩的部分。如果你閉上眼睛，腦海中一片空白，整個採訪過程半點兒留不下痕跡，那除非你的寫作功力強到爆，不然最終呈現的新聞稿也不會有多精彩，只是完成了任務而已。

我很喜歡傳媒人王爍的一句話，並將其當成了自己的座右銘：優秀的記者並不是天生的，只是聰明人下笨功夫，並一直堅持到了現在。

與大家共勉。

香港音樂
文獻資料何所歸

大公報記者　徐小惠

2021 年 7 月 7 日，香港著名樂評家周凡夫逝世，留下大量的手稿、照片、節目單、剪報、唱片等音樂資料，其中部分已由其遺孀交由前香港中央圖書館總館長鄭學仁修復整理。大概一個月後，本地著名樂評人周光蓁在大公報小公園的「樂問集」專欄中提到，「還記得周凡夫離世不久，筆者先後收到官員短訊，表示難過的同時，希望獲得周家捐贈累積幾十年的音樂資料。現在問題不在於資料，而是處理大量資料的機制，包括人手、資源、場地。」並建議在香港成立音樂圖書館。

編者按 今年七月，香港著名樂評人周凡夫去世，留下數十箱音樂文獻資料，由其家人無償捐贈給香港中央圖書館音樂特藏。這些貴資料不僅滿載了周凡夫的一生印記，也是研究了解二十世紀香港音樂史的重要參考。音樂文獻留存對於香港樂界而言本屬一件幸事，卻在不久前傳出中央圖書館因人手、空間等限制，恐怕無法保證處理時效。音樂作為城市文化藝術的一個重要組成，要如何留住旋律和它們背後的故事？香港音樂文獻未來之路又該如何走下去？

一張1950年音樂會節目單藏深意

「這些資料在情感上是屬於香港的」

音樂文獻記錄了音樂家們的人生百味，也是構築城市歷史的重要緯度。本地著名樂評人周光蓁在寫作其書《香港音樂的前世今生──香港早期音樂發展歷程（1930s-1950s）》期間，去到香港大學查閱音樂家黎草田相關的文獻，意外地在其筆下的手稿中發現了兩份節目單，其中一張是一九五○年八月八日，即在英國承認中華人民共和國由人民政府為「中國法律上之政府」兩天之後，於香港大酒店舉行的一場名為「國立音專國慶校友音樂會」的節目單，參與這場音樂會的音樂人包括草草田、陳歌辛、葉純之、賀綠汀等。周光蓁說：「如果沒有這份文獻，我們就不會知道，早在一九五○年，黎草田他們這班香港的愛國音樂人就已經在慶祝新中國成立了。」

大公報記者 徐小惠

節分音樂文獻──
剪報
手稿
樂譜
電影海報

在各香港大學圖書館的官方未開始中，有一個「黎草田音樂特藏」。翻開其中包括六百卷一份音樂文獻資料，正啟享取出去世後，其太太傅月美照顧她的樂手物品、樂、作曲，他有一份藏數節的吸血也郵遞找如子儀子。

一九九六年，黎草田去世後，其畢打文夫婦下來的大量手稿和資料，傳月美經歷漫之整理，一些珍貴難得的時間，她不隨統治了黎草田保下文獻資料中保存黎草田和他那一生，的原來是從檔案與的黎草田的一生，其更繫材的處理了的事先生，傳月美為心裡一直有一個不能...

文獻承載黎草田音樂人生

傳月美是繫著感情的人。上世紀九十年代，黎草田主動在電腦黎草田與草草田，當時想這已屬左...

《大時代中的黎草田》
由傅月美親撰情懷

部分圖片來源選自《大時代中的黎草田》

喚起共同回憶

灣區共融

太平戲院
資料圖片

愁對「藏品」捐贈無門

追尋無着

▲中央圖書館中周凡夫的捐贈。

▲中央圖書館文物修復組組長岑穎雅正在
進行修復工作。

▲中央圖書館音樂資料中心一隅。

音樂資料作為香港音樂史的重要佐證，是香港文化歷史的一個重要側寫，它們不僅滿載了創作者的一生印記，也是研究了解二十世紀香港音樂史的重要參考。在中國共產黨建黨一百周年、香港回歸祖國即將二十五周年這個重要的歷史節點上，作為一個文化副刊，我們亦希望能夠從音樂史觀的角度，為這個城市更好地保留它在百年歷史征程中的側影。

倡設香港音樂資料館

部門主管率先察覺到這個專題的重要性。2021年9月3日，在她的聯繫下，我們二人在上環的一間太平洋咖啡館中和鄭學仁進行了近兩個小時的專訪。採訪中，鄭學仁談到過往參與音樂文獻資料搶修的具體經歷，分享了當前音樂文獻資料收集之不易，並提出希望能夠成立香港音樂資料館、將香港音樂資料進行更好的資源整合的建議。此舉不僅能夠保留香港的音樂史，未來更可與大灣區進行更多諸如廣東音樂等方面的交流。

另外，在本次的採訪中，鄭學仁還提到當前香港的音樂資料散布狀況（主要於私人藏家、香港中文大學中國音樂研究中心、中央圖書館藝術資源中心等地），並闡述了香港在音樂文獻資料搶

救、整理、修復、保存方面的一些現況，包括香港中央圖書館當前文獻修復團隊的人數、工作日常等，為我們整個專題後期的展開提供了很好的指引和方向。

有了總體的方向，部門主管便將此專題放手於我進行。在鄭學仁的幫助下，我聯繫到香港中央圖書館的文獻資料修復團隊，並最終將採訪時間敲定在 10 月 7 日。

當天上午九點，我來到中央圖書館，中央圖書館文物修復組組長岑穎雅首先帶我去到的是中央圖書館中存放音樂文獻資料的空間。因為當時圖書館尚未到開館時間，館中空空蕩蕩，我猶記得，我從電梯出來，首先感受到的是中央圖書館的大，空間充足、几淨窗明，而後來到音樂文獻資料中心，瞬間有了一種對比感，幾平米見方的玻璃牆壁圍成的空間，擺了幾個大大的紅木櫃子，裏面擠滿了音樂文獻資料，旁邊的展櫃在做一個簡單的關於廣東音樂的小型展覽。而後我們有去到四樓的修復室，這是修復師們平時工作的地方。修復室位於中央圖書館存放文獻資料的倉庫之中，裏面兩個靠窗的工位，景觀不錯，可惜修復師們無福享受，她們每天和各種機器、文件一起擠在房間正中的大枱上進行工作。為了避免打擾到修復師們工作，同時也想更多的了解倉庫的情況，我們的採訪一路從修復室來到存放音樂文獻資料的地方，在這裏，我看到了周凡夫的捐贈，十幾個封好的牛皮紙箱子，無序地堆在一起，旁邊還有其他的捐贈，箱子上寫着捐贈日期，時間早至 2012 年。這些裝載着香港歷史的、卻散落一地的箱子，不僅讓我找到了這次採訪之於這個專題的切口，更讓我理順了整個專題的採寫思路。

這次採訪結束後，我將專題的三個版面的主題分別設定為「音樂文獻的重要性」、「音樂文獻當前在香港的處境」、「音樂文獻的未來在哪裏」。為了更好的了解當前香港音樂文獻資料修復及整理的情況，我們又聯繫到香港大學音樂圖書館。與中央圖書館形成鮮明對比，港大的音樂圖書館條件相當不錯，在和館長的採訪中，得知港大也有自己的文獻修復中心，地點就在我們報館所在的大廈。

10 月 27 日，我來到港大圖書館文獻修復與保護中心，主任劉雨陽很配合地接受了我的採訪。港大修復中心雖然算不上新，卻足夠大，大得甚至有些空曠，七八個人佔據了我們半個報社的空間。在港大修復中心和中央圖書館的對比下，當前香港音樂文獻資料資源調配與整合的問題凸顯。

▲文獻修復路遙遙
2021 年 12 月 3 日《大公報》A20

▲音樂資料館只待東風來
2021 年 12 月 4 日《大公報》A19

　　採訪完業界權威和從業人員，我們希望能夠為專題增添一些更加細膩、也更獨特的視角，因此我們將採訪目標放在了音樂文獻資料捐贈者身上，希望能了解他們的心路。起初我們計劃採訪劉靖，但後來得知他 2020 年中風，不便接受訪問，而後我們又想到了黎草田的遺孀傅月美。

發現問題、探索問題、解決問題

早在去年年中，為了建黨百年專題，我們就已經採訪了傅月美小姐，聽她憶述愛國音樂人黎草田先生的一生。這次在做港大音樂圖書館採訪的準備工作時，我發現傅月美曾將一批黎草田的手稿交給港大音樂圖書館。很快我們便聯繫上她，惟當時她有老友去世，採訪拖了半個月才得以進行。

我們計劃的最後一個採訪對象是周光蓁。因他對香港音樂界非常熟悉，無論周凡夫還是傅月美，他都可以從側面做一個很好的側寫和補充。在採訪中，他提到他在港大音樂圖書館中發現的黎草田手稿中有關 1951 年香港大酒店的一場慶祝新中國成立的音樂會一事令我們很驚喜，這恰恰應和了我們做此專題的初衷之一。為了確認此事，我查閱了港大音樂圖書館的文獻目錄和傅月美《大時代中的黎草田》一書，找到了那張珍貴的節目單。這張節目單最終也出現在了我們的版面上。

採訪大體結束後，我開始着筆。在即將完稿之時，部門主管告訴我，身兼港區全國人大代表，體育、演藝、文化及出版界立法會議員馬逢國對於香港音樂文獻資料館一事有些許看法，可以一聊。當晚我們便進行了電話採訪，採訪中他認可了香港音樂資料館的提議，表示「既然有資源，沒道理不做。」由此，「香港音樂文獻資料何所歸」專題基本完成了從發現問題——探索問題——解決問題的過程，也收集到了業界權威、從業人員、學者、文獻捐贈者以及政界各個領域的回應，歷時整整三個月，系列最終在 2021 年 12 月 2 日至 4 日推出。

用數據可視化
講好新聞故事

大公報國際部

在這信息爆炸的時代，人們不缺信息，缺的是對信息的解讀。新聞之「新」，在於把新資訊帶給讀者。數據作為信息呈現的方式之一，可以說，有數據的地方，就會有故事，就會有新聞。正因如此，全球主流媒體近年紛紛進行數據可視化報道的探索，將故事以全新的方式呈現給讀者。

184 　新聞背後的故事
　　　　——寫在《大公報》創刊120周年之際

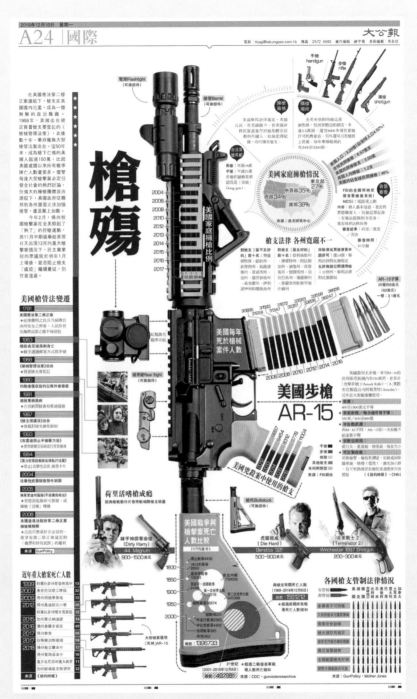

▲《槍殤》榮獲 2018 年香港報業公會版面設計（單版）亞軍
2018 年 2 月 10 日《大公報》A24

大公報國際新聞報道一直在努力創新求突破，如何將國際風雲變幻在報紙上呈現，同時又能拉近世界大事與讀者之間的距離，搭建一座讓讀者更好理解複雜國際議題的橋樑，這是作為國際新聞版編輯經常思考的問題。「數據可視化」作為流行的創新報道方式之一，如果能與國際新聞報道進行結合，說不定能給讀者全新的角度來理解國際大事。

故事 數據 設計 兼顧平衡

俗話說萬事起頭難，2018年國際版起步做圖看數據新聞版時，當時在報館內是一種全新的嘗試，是一片等待開墾的土地。在沒有前作可以借鑒的情況下，縈繞在腦海中的問題層出不窮：如何處理好海量的數據？要以什麼樣的方式呈現，才能讓內容更可讀？文字與設計如何做到相輔相成？因此，數據新聞版的製作，是一個不斷探索的過程。一個好的數據新聞版，並不是花花綠綠數字和圖表的堆砌，而是通過數據穿針引線，講好一個故事。數據既可是新聞素材的來源，亦可是講述故事的工具，還可以做到兩者兼具，版面的核心依舊是故事為王。數字圖表過多容易「無趣」，變成說明書或用戶手冊，增加閱讀的負擔；設計過於搶眼，又會讓新聞故事本身失去焦點，所以對於好的數據新聞版，要做到故事、數據和美術設計三者兼顧平衡。

以國際部獲得2018年香港報業公會版面設計（單版）亞軍的《槍殤》版面為例，這是國際新聞的數據新聞版推出半年後的轉型之作，也是與美術編輯進行「頭腦風暴」之後的大膽嘗試。與之前的數據新聞版相比，《槍殤》在版面上有了不少調整：第一個變化，是先定故事主題，突出主題設計元素。美國槍支暴力氾濫是老生常談的話題，有做出新意才能吸引讀者。在構思設計的時候，美術編輯提議用近年在美國槍擊中頻頻出現的 AR-15 作為主打設計元素；第二個變化，圍繞主打設計元素，安排圖表數據，做到圖表和設計相互有機結合，避免圖表堆砌的硬傷；第三個變化是標題要精彩，最後題目選用了《槍殤》，一語雙關，既突出槍支造成的死亡悲劇，又突出槍支暴力濫觴，起到畫龍點睛的效果。

▲以手繪形式展示中國保護生物多樣性的成果
2021 年 10 月 15 日《大公報》A24

我們想說的 VS 受眾想聽的

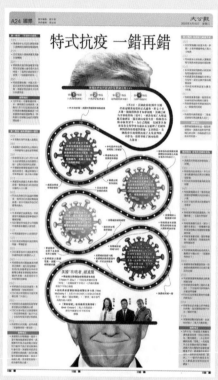

▲特朗普政府從 2020年1月至4月抗疫亂象時序
2020 年 4 月 15 日《大公報》A24

　　如何增加數據新聞的可讀性，也是做可視化新聞版時面臨的棘手問題。數據新聞並無有固定的故事 / 敘事類型，其實是用數字和圖表代替長篇文字傳遞信息，既能把軟性新聞做得活潑可愛，也可以把硬新聞做得衝擊力十足。因此，在構思數據新聞版時，需要因材而異增加故事的可讀性：一是通過設計，把硬題材做得有趣：如 2020 年 4 月推出的《「特式」抗疫　一錯再錯》版，將美國特朗普政府從 2020 年 1 月至 4 月的抗疫亂象以時間為順序梳理成表，美編在設計時是模擬特朗普大腦的思考過程以展示時間線節點，把「無趣」變「有趣」，在平面紙媒上也呈現出動感，加強輸出觀點；二是內容多變，將數據新聞融合到政策解讀、歷史梳理類題材中：2020 年 8 月的《中美對決 VS 美蘇冷戰》版是一個全面梳理美蘇冷戰歷史的版，同時又要結合當時中美關係情況，說明兩者之間的異同。這種題材主要以簡短文字融古通今，在符合現在「短平快」的閱讀習慣的同時，加強議題設置；三是視覺創新，把軟新聞做得更

「有趣」：2021年10月推出的《生生不息》版，與以前的圖看版不同在於採取手繪的形式，以精緻的圖案展示中國在全球保護生物多樣性方面所取得的振奮人心成果，講好「中國故事」。

整體而言，數據可視化報道通過議題設置和創新表達方式，讓新聞報道找到與讀者之間的交匯點和共鳴點，把我們想說的與受眾想聽的，有機結合起來。

《大公報》120年歷史，彈指一揮間，最能體現這家百年老店精神的，就是一代代《大公報》報人在秉承百年大公精神的同時，不斷銳意創新。數據新聞可視化報道是《大公報》國際部近年探索的一種創新報道方式，未來將繼續聚焦國際熱點，分析全球動態，為讀者增廣見聞。

▲美蘇冷戰與中美關係
2020年8月27日《大公報》A24

第七章　全方位傳媒人

好新聞
從策劃開始

大公報記者　李清

　　好新聞，從策劃開始。大公
報編輯部每年都會就全年重大活
動和重要紀念日，策劃專題報道。
2021 年，排在名單第一位的，
就是中國共產黨 100 周年系列專
題。

▲烏蛟騰紅色之旅 傳承抗戰精神 2021 年 5 月 31 日《大公報》A12、A13

策劃是從選題材、定大綱，到逐步細化、補充、調整、完善的過程。雖然系列專版計劃在當年 5 月份開始推出，但是從年初開始，港聞部就開始前期工作，查閱書報資料，蒐集採訪線索，追尋過去一個世紀以來，百年大黨在香港的紅色足跡與紅色故事，並且列出擬採訪對象，當中包括林珍、李漢等抗日老戰士。

專題策劃在不斷推進之際，四月初，我們在報館迎來一批前來參觀的年輕客人——一批來自東涌的中學生。我隨着報社領導接待來客時，竟然重逢一位久違的老朋友——香姐，更想起一個有關紅色足跡的新聞線索。

記得在我初入新聞行業不久，跑過一段時間的「地區新聞」，這位新界社團聯會的老朋友一直深耕地區服務，我就曾經在她熱情帶領下，與幾位大嶼山居民，相約到當時相當荒蕪的東涌「行山」——花上一個小時走到半山高處，遠眺工程如火如荼的赤鱲角機場工地。一路上，聆聽這些朋友訴說大嶼山的故事，深刻感受他們對香港回歸祖國懷抱的熱切期盼。

那一年，是 1997 年。

當我們不約而同地說起20年多前這段小經歷，會心而笑時，我突然就想起了，在行山過程中聽過，在香港淪陷的黑暗歲月裏，大嶼山村民配合東江縱隊港九大隊海上抗戰的故事。我脫口就問：「香姐，你能聯繫到大嶼山抗戰老人或者他們的後人嗎？能提供一些素材嗎？」

答案是肯定的。香姐很快聯繫上抗日老戰士謝琦的後人，以及其他熟悉大嶼山歷史的老朋友。他們帶着記者繞着大嶼山「口述歷史」：原來大嶼山曾經有一支神出鬼沒的抗日游擊中隊，保護居民，打擊破壞海上的日軍運輸線，屢立奇功；原來游擊隊深得人心，不僅得到大嶼山居民和漁民的配合共同抗擊日軍，還得到山上僧尼的掩護；可恨的日軍戰敗後，竟然還在銀礦灣製造屠殺慘劇……

《危難時，我們幸有東縱保護》是上述內容在跨版專題上的標題。在中共百周年系列報道中，有多篇報道原策劃中都是一個全版篇幅，但最後因為現場採訪、資料收集、圖片與路線圖都非常豐富，內容扎實，最終用上了兩個全版，也就是跨版呈現，當中還包括了元朗烏蛟騰、秘密大營救中轉站的故事。這一篇篇報道，立體地呈現了中國共產黨領導的東縱港九大隊在香港英勇抗日，與侵略者鬥智鬥

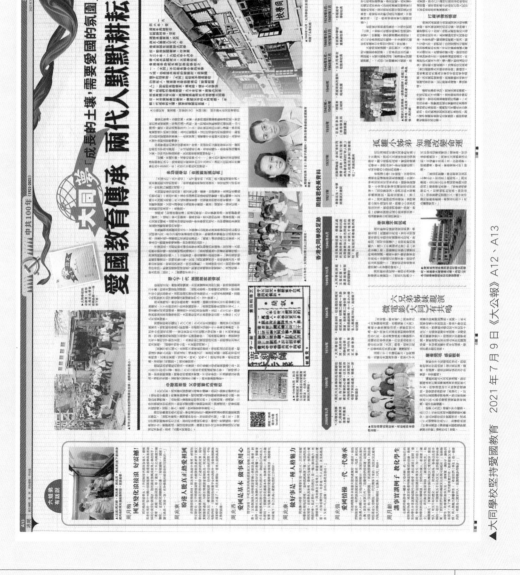

大同學校堅持特愛國教育 2021 年 7 月 9 日《大公報》A12、A13

勇，在抗戰勝利後功成身退的真實圖景。

這些發生在近現代的歷史真實事件，時間距今並不太遙遠，然而對這段歷史有所認識的年輕一代卻是很少，想要找到齊整的資料也不容易。幾位年輕的記者，通過這一系列採訪中感受良深，「如果不是做這個採訪，我們也不知道，原來香港有這麼鮮明的紅色足跡，還有這麼多可歌可泣的抗戰故事」。「這些都是很好的國民教育題材啊！」

「歷史是最好的教科書！」年輕記者的感觸，與我首次聽前輩說起香港抗戰故事時如出一轍。近年來，香港經歷黑暴衝擊，及至由亂到治，社會各界期間進行了深刻的反思，其中包含了「必須做好青少年的國民教育工作」。那麼，香港的青少年，有多少人知道發生在這片土地上的這一段抗戰史？對於中華民族歷史又了解多少？

在我看來，好新聞離不開好題材與好策劃，好的教育就更需要好的教材與理念。傳媒的天職是做好報道，不是教育家，也可以傳播更多正能量。

一切，從做好策劃開始。

東江縱隊
「秘密大營救」

我的父親參與
指揮勝利大營救

▲走訪「秘密大營救」中轉站　2021 年 6 月 2 日《大公報》A12、A13

▲銀礦灣紅色足跡　2021年6月4日《大公報》A12、A13

▲勝利大營救文化精英　2021 年 6 月 8 日《大公報》A10

一次徵文賽
勝讀十年書

大公報記者　湯嘉平

2020 年初，那是一段難以忘記的日夜，新冠肺炎從那時開始在香港爆發，至今近三年了，起初怎會想到，學生們要度過這麼漫長不能上學的日子！當時全港學校不得不關閉，開啟了前所未有的疫假時光，網課形式逐漸成為新常態。

▲ 2020 年《大公報》舉辦「漫長的疫假」徵文比賽，反應熱烈，超過二百間學校參與，收到逾千名學生投稿。

學生們從起初不用上學的興奮，到後來的百無聊賴，家庭和社會也開始出現抗疫疲勞，以及厭倦的情緒。為了給學生們一個抒發感受的平台，為社會注入正能量，我們決定在全港開展一個寫作活動，《漫長的疫假》徵文比賽就在這樣的背景下誕生了。

當比賽啟事在《大公報》刊登、在《教育佳》Facebook 推出後，我心裏其實並不踏實：現在的年輕人似乎都不看報紙，不用 Facebook，而且疫情下，無法通過學校進行有組織的徵稿，會有多少學生來投稿呢？真正是要靠「運氣」了！

2020 年 3 月 11 日深夜，準備下班的我突然發現教育組郵箱收到第一篇徵文稿件。懷揣着小小激動，我即時放下背包，點開郵件細閱這篇來自中聖書院中五級朱韻呈同學的作品。我相信這篇稿件的準備時間並不長（畢竟朱同學是第一個投稿的人），但是內容真實得讓我讀完後百感交集，記憶尤深。

朱同學寫的是她的家庭如何在「疫」境下生存的故事。朱同學出身單親家庭，家中有四姐弟，全家僅靠母親一人洗碗維持生計。然而疫情來襲導致餐廳生意愈來愈差，最後還是敵不過疫情而結業，母親陷入了失業的困境。「（在這之後）我們四姐弟變得更懂事。我們害怕交不起房租露宿街頭、害怕母親因為外出而感染、害怕感染死亡的人數上升。」

一再延期的頒獎禮

基層群體是一個社會中最脆弱的群體，而基層群體的幸福指數，大抵就能反映一個城市的幸福指數。疫情之下各行各業受影響，但如果這些故事不公之於眾，很多人依然感覺不到這個群體的存在。

讀完朱同學的來稿令我久久不能平靜，開始更加期待這次比賽的稿件。最後我們陸陸續續收到逾千份作品，經過同事們層層篩選，又邀請著名兒童文學家、香港作家聯合會副會長周蜜蜜，作家兼時事評論員余非，以及香港大學教育學院中文教育研究中心講師許守仁參與最終的評獎。沒想到我們來稿的第一篇作品，也就是朱韻呈同學的作品獲得高中組冠軍。看來評委們也對這種真實的基層家庭寫照難以忘懷。

其他投稿中也有不少佳作，在這裏就不一一贅述。除了稿件評獎，還有很多配套的工作需要跟進，例如舉行頒獎典禮、準備嘉許狀、頒獎證書和獎品等工作。這期間同事們付出了很多，于世俊總編輯更邀請到時任教育局局長楊潤雄主禮，吸引了很多傳媒來報道；李曉芸助理總編輯亦和集團其他同事對接，完善典禮的安排工作。

這場頒獎典禮在金鐘萬豪酒店隆重舉行，但為了這場典禮，我們前後利用業餘時間忙了半年多。除了典禮的準備程序比較繁瑣以外，更重要是受到疫情的影響，限制太多，一次又一次的延期，令到家長和學生們等得不耐煩了。記得有位獲獎者家長，甚至在 WhatsApp 群組裏問我們「是不是騙子」！但我還未回覆，就有很多家長出來幫我們澄清說「不是」，說「《大公報》怎麼會騙你呢！疫情呀！」我們在感動中加速完成了典禮的準備工作，爭取疫情好轉時盡快舉行。

最後，頒獎典禮終於在 2020 年 10 月順利舉行，是次比賽共有兩百多間學校

▲ 「漫長的疫假」徵文比賽頒獎禮　2020 年 10 月 25 日《大公報》A1、A22

▲「港生看冬奧」徵文比賽文章選登
2022年2月20日《大公報》A9

「漫長的疫假」
徵文比賽頒獎禮

參與，有一千一百多名學生投稿。在頒獎典禮上，時任教育局局長楊潤雄、中聯辦領導亦有出席並充分肯定了徵文比賽所取得的佳績。

大公人的使命和責任

　　這次徵文比賽的成功，讓我們這些年輕的新聞工作者感到，在香港做新聞工作雖然收入不高，但意義非凡，尤其是做《大公報》的媒體人，你會覺得與過去完全不同了，「我們愈來愈得到港人讀者的肯定和認同，我們不用做一分錢廣告，有這麼多學生，特別是那些傳統名校的學生都自動參加，這在三年前都是不可思議的！」報社的新聞前輩這樣對我們說，言語間大家都能感受到那份自豪。

　　在這次舉辦比賽後，時隔兩年我們又趁着北京冬季奧運會的東風，舉辦了「港生看冬奧」的徵文比賽。舉辦冬奧作文比賽的時候，正是香港第五波疫情最嚴峻之際，學生們仍然困在家中，看冬奧賽事，成為許多學生的一大樂趣。另一方面，國際反華勢力煽風點火，杯葛北京冬奧。所以我們認為，「港生看冬奧」的徵文比賽，又多了一層政治意義。

　　這次在短短的不足一個月時間內，

▲學生「疫」境感悟　2020年10月27日《大公報》A12、A13

　　我們收到上百篇學生來稿，其中有六十多篇公開見報。精彩的文章，配上躍動的版面語言，這個專版，一下子成為學生們的搶手貨，不少老師和同學來電要求提供報紙，雖然我們在《大公報》的 Facebook 把作品都轉化刊載了，而大文集團的官網亦可以下載報紙的 PDF 版面，但是，仍然有不少人鍾情於紙質版的《大公報》，「我們希望保存起來，留個紀念！」一位同學家長在電話中這樣說。

　　有人問我們組織發起這次徵文比賽最大的感想是什麼？我說：一次徵文賽，勝讀十書。從中得到鍛煉，學到組織活動的本領，還體會到了身為一個大公報人的使命和責任所在。

第八章 **我們都是
歷史的記錄者**

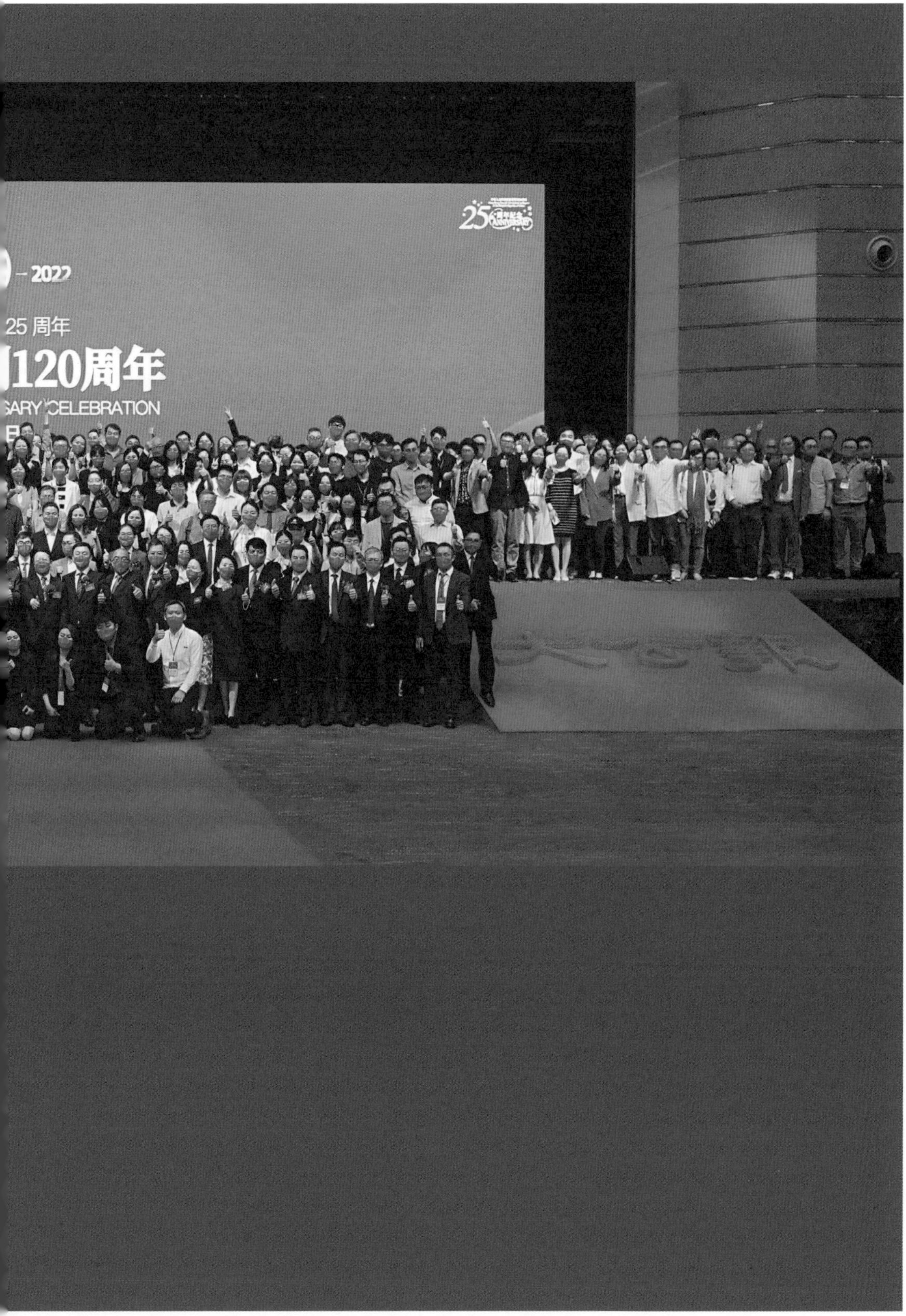
– 2022
25 周年
120周年
SARY CELEBRATION

改革者，永遠年輕

大公報記者　鄭曼玲

都說廣東人身上根植着改革的基因，奔流着改革的血液。十幾年來，作為《大公報》駐粵記者，在工作中體會最深的，莫過於在見證與傾聽中，感受到風起雲湧的改革浪潮。很多採訪的背後，都有不少感人至深的故事。這些吉光片羽讓人反覆惦念，成為大公報記者生涯中極其寶貴的一筆財富。

專家：緬懷鄧公 進一步改革創新

「一國兩制」指引深港合作「3.0」

矗立在深圳蓮花山公園的鄧小平銅像，俯瞰深港兩地變化。中國改革開放總設計師鄧小平逝世20周年，思想依然深刻地影響着中國的走向。不少專家教育指出，鄧小平提出的「一國兩制」偉大構想確保了香港的穩定繁榮，也促成了深圳的快速崛起。隨着兩地合作進入「3.0階段」，當時緬懷鄧公更具現實意義，兩地宜進一步改革創新，共謀大灣區參與國際競爭。

紀念鄧小平逝世20周年 >>>
大公報記者李望賢深圳報道

鄧小平改革名句

* 不管白貓黑貓，會捉老鼠就是好貓
* 改革開放膽子要大一些，敢於試驗，不能像小腳女人一樣
* 貧窮不是社會主義，更不是共產主義
* 科學技術是第一生產力
* 基本路線要管一百年，動搖不得
* 發展才是硬道理
* 先富帶後富 才能共同富

〔記者鄭曼玲整理〕

▲1984年1月26日，鄧小平給深圳特區題字　資料圖片

▲1992年鄧小平南巡時與負責搶救工作的陳開枝握手交談　受訪者供圖

▲鄧小平提出「一國兩制」保住了香港回歸後的穩定繁榮　資料圖片

大公報 為小平改革鼓與呼

最好的紀念是繼續改革

這裏就是很好的社會主義

▲1984年，鄧小平在蛇口工業區視察　資料圖片

鄧公一語 漁民村裏起高樓

港商：改革開放是重大機遇

▲紀念鄧小平逝世20周年系列報道　2017年2月17日《大公報》A11

▲ 1984 年，鄧小平在蛇口工業區視察。

　　印象最為深刻的，要數與幾位「改革老人」的結識。那要追溯至 2012 年初，當時正值「鄧小平南方視察 20 周年」，接到這一重大選題策劃後，我第一時間就想到在廣東改革史上赫赫有名的兩位老同志。

　　的確，很少有人比他們更熟知那場牽動世人目光的「春天裏的考察」了。陳開枝是當年鄧小平南方之行的「首席接待官」，時任廣東省委副秘書長的他，全程負責安排鄧公南巡期間的接待及保衛工作。近距離的觀察，零距離的溝通，讓他對挽狂瀾於既倒、扶大廈之將傾的鄧公萌發崇敬之情。

　　而叱咤珠海政壇 16 年的梁廣大，則是內地五個經濟特區裏任一方要員持續時間最長的官員。1984 年和 1992 年，鄧小平兩下深圳、珠海考察。時任珠海市委書記、市長的梁廣大，在小平兩次南巡講話時都陪同左右，見證了偉人糾偏歷史

航向的關鍵時刻。

面對筆者，兩位老同志侃侃而談，記憶的閘門一經打開，歷史的潮水洶湧而來。陳開枝說，抵達深圳當天下午，老人家站在兩端分別飄揚着五星紅旗和米字旗的深圳河大橋中方邊境上，久久凝視着對面當時尚未回歸的香港，一句話也沒說，神情莊重而深沉，像是一位母親在期盼久別的孩子歸家。陳開枝說，老人家沒能親眼見到香港回歸，是每個熱愛他的中國人永久的遺憾。

梁廣大則說，當時剛剛有點起色的改革開放宏偉大業，面臨何去何從的抉擇。社會上出現很多流言蜚語，憑空羅織了一大堆莫須有的罪名，經濟特區建設能不能堅持下去，大家顧慮重重。而鄧小平在考察之後說的一句「你們這裏就是很好的社會主義」，給他們吃了一顆「定心丸」。拿到「尚方寶劍」的梁廣大大刀闊斧地推行了一系列改革，他說，「有人說我梁廣大膽大，我膽大就是從小平這來的。」

那次專訪，兩位老人對我講述了很多彌足珍貴的歷史瞬間。他們說，鄧小平那些鞭辟入裏、切中肯綮的講話，吹散了當時縈繞在人們心頭的種種困惑，彷彿讓暗夜徘徊在十字路口的行路人，突然看見了天上的北斗星，由此演繹出一幕幕波瀾壯闊的「春天的故事」。

「巧合」的是，時隔 20 年，2012 年 12 月初，習近平總書記十八大後首次離京考察，即選擇輕車簡從南下廣東，被外界解讀為「重走南巡之路，宣示改革決心」。作為鄧小平南巡親歷者的「廣東改革四老」——歐廣源、李灝、梁廣大、陳開枝，受邀陪同出席了向鄧小平雕像敬獻花籃這一重要儀式。

在隨後接受《大公報》獨家回訪中，梁廣大和陳開枝又向筆者追述了不少鮮為人知的現場細節。報道一經刊發，即被廣泛轉載，很多媒體也紛紛找上門來採訪「改革四老」。

當然，在廣東的早期改革開放實踐者，遠不只這幾位。被習仲勳授予「孫悟空」名號、奉旨「大鬧天宮」、籌建首批經濟特區的吳南生；拎起「烏紗帽」往前衝、創造改革開放史上多個「第一」的黎子流；92 南巡講話全程錄音整理者、20 年後在當選廣州市市長的記者會上憶述緬懷鄧公而數度哽咽的陳建華……

在與他們近距離的採訪交流中，我能深切地感受到，這些改革先軀者，當年

▲ 1992 年鄧小平南巡，時任珠海市委書記梁廣大當年亦有份陪同鄧公視察。

▲ 陳開枝時任廣東省委副秘書長，是當年鄧小平南方之行的「首席接待官」。

櫛風沐雨，手胼足胝，以敢為天下先的膽識和魄力，衝破種種制度藩籬，喚起整個中國的改革激情；退居二線之後，依然關心國是，關注民生，不移擔當之志，不捨尺寸之功，只要一提及改革大業，就依然眼裏有光，躊躇滿志，豪情不減當年。

而事實上，首次約訪時，他們對我並不熟悉，但一聽說是大公報記者，卻都二話不說欣然接受。他們說，那是因為大公報身上也蘊含着「改革者」的基因。

1992 年初鄧小平南巡開始時，《大公報》就聞風而動，派出得力記者實地追訪。陳開枝對筆者說，「當時上面要求徹查，但我心里多麼希望南方講話能『出口轉內銷』，向海內外宣傳出去，當然是『隻眼開隻眼閉』敷衍了事」。

正是在這樣「裏應外合」的默許下，《大公報》搶先發出了一系列新鮮熱辣的重磅消息，輿論一時震撼。南巡結束後，有感於零敲碎打的報道還不能解渴，梁廣大又做出一個大膽決定，邀請《大公報》、香港《文匯報》、《澳門日報》三家傳媒負責人到珠海商談，懇請他們對南巡講話進行專題報道。幾位老總聽了也很激動，大家一拍即合，連夜趕回，精心製作，隔天均在頭版整版或顯要位置刊發報道，反響十分強烈。

類似的報道效應，發生在 20 年後。2012 年 12 月 7 日，就在習總書記離京南下考察當天，一則《傳中央領導人來深圳視察》的獨家消息已赫然出現在《大公報》

要聞版面上。消息一出，海內外媒體紛紛轉載，微博上也掀起熱議。

「這不是偶然的，兩次『南巡』均率先發聲，說明《大公報》的確是改革開放的見證者、記錄者，甚至某種程度上的推動者。」梁廣大對筆者說，「有賴於這些及時翔實的報道，改革開放的呼聲才能一次次衝出中國版圖，成為最主流的中國話語。」

或許，歷史長河中的機緣巧合，看似隨意偶然，其實暗藏玄機。120年來，《大公報》之所以能成為迄今壽命最長的華文媒體，之所以能時刻挺立潮頭引領輿論，正因為其身上始終流淌着改革的熱血，始終勇於發聲，克盡言責，為正義疾呼，為時代木鐸，為改革撐腰。

大公人落筆成史，需要一份在奔跑中歷久彌堅的篤定，在混沌中不畏浮雲的澄明，在躁動中矢志不渝的初心。有幸成為其中一員，戰戰兢兢，且倍感珍惜。

一代人終將老去，但總有人依然年輕。一百二十華誕，恰是風華正茂，吾輩當以青春之姿，繼續逐夢前行。

江山留勝跡
我輩復登臨

大公報記者　孫志

　　和煦暄風，萬物並秀。2022年是《大公報》創刊 120 華誕和香港回歸祖國 25 周年。新聞學泰斗方漢奇先生說《大公報》是「中國新聞界含金量最高的世界級品牌」，而我與《大公報》結緣的年份，正值香港回歸之年。

饒公走了，福壽雙全，在睡夢中安然辭去。然香江皆不僅其年高而止哀，皆然一片隔慟之聲。有幸數度在北京採訪饒老逝世活動和學藝展，還曾有機會近身專訪素教。往事如昨，一一浮現，怎能忘懷！

學藝互益

大公報記者　孫志

二〇〇八年十月，「海藝古今——饒宗頤學術藝術展」在北京故宮開幕。故宮博物院安排遺代古迹名家展闢，那是饒老一次為香港學者、藝術家舉辦的個展。那不止在三人講座，饒老從鐘行？書，功力近乎返璞歸真如今。全體藝術飯款來過的反應爆發，學令的大行行進日過。

對於這些學術一生滋次的先生，這是所引都幸其的家呈現充元素的一切記述不已，以算因分現如悅感動不了。饒公除分表泰色系大衣，無風花梅那作，聽話談笑地不住的諸述為吾老，於是都做緊，就算老人孩就又下吾近瑞勉的門下的言語。

早默中內的饒者，閻深道做學問，筆墨中見精神。多文博覽融通精深的幾十二遍，是對民學術、藝術的綜合家、素描學、林學、才學、考古、文學、書道、管術、梵語樂……持內殿出為內，濱朝「大師分析大家」是。唯饒公慶的一番，洋洋大觀，越深識內的外作神遊：我內心不等遊觀，一般桌老就嫌如自豪：然三輪我之過去「道多爾物家」諸述術門、余素事寫的奇，那次遺照到時的貴而顯懷我門特殊的面記。余次筆個的說：「我一隻我俗世間次對」：一可不陷信字國的立術系道；偷墜不堪何民族真意。「我研究的越小學文史之思斯」分成了的文史之道，內文化就是保文了各輝文化感素。」但以小華智就作仍能解到的是世界化斯隨就化，「中的是聖香慶出完無。傳就文化先祖。不是過何，不越化朴於宗傳斯的養。」

重德輕利　燃亮世界

南年海約二〇一〇六八八月，光欣饒公都九十五度藝術長別訪，查邀德院華舉術，時住說那陪或師饒或皆夫見了藝老。首古次元反採訪身一世，一步步冬爹論的人格能力，純分解年老彩他地演義介紹研究所學術的特殊。在前識歐趣所有，雨風年的一面感動，面都感慨藝老是如臨殿。內自己平同內中、是如常慾諸饒公嚴飾不慈養學是現代作。我感聖者重逾進鑲者了，別次就如去、狀失爹述查、計曾聯萃下對──一代所能睡盼若谷的勝隘風範，令人感慨不已。於若師饒公身同斯如印竟入那是於世等年世代以尚同而人體／對人之不不得而辭，蹤身下了飯藝蹼之迪，飲看畫天，給為「總殿公妻」，我看似即牌中見光燭漢「一宗家斯牌出廳，金麻不成唷唷唷，一支如藝藝呈出懶，余露反散狀配為此院美。飲那起之、國薄繞藝。

▶ 2009 年
中文大學
頒給饒宗頤
教授榮譽
院士 網絡圖片

助手學生談饒公

【大公報訊】記者劉緝緯維：香港中文大學逕代中國文化研究所長暨源越研究員霍貴安於一九九三年至二〇一三年擔任饒公學術助手，前曾任五屆饒宗頤教授，她逕溪梅大往研究的考古學及教煌等方面，饒公系和饒，隨跳附過往的專業。

在那饒者眼中，饒宗頤視力不者差好，待人寬厚。此北「文化重視歎」，研究那慢學術殷探討等動力，他曾著這的研究事的學子心：「何一次，饒與同隨霸公是閱該一晌總讀龍，八十有代，影親學者都是因學肯有次會過的了，作「有次」雖文化動念那時的弟子心。」「有一次，饒公同間閱公在一晚說，一晚跳看後過那學這叢子，黃石墨、宋文由心至連見其字等等隨收。

饒公題 《一剪梅》

荷葉田田水盈矣，看價原可，流如柳蝶。
開達攘熟蝶異春新，滅色情懇，兩色惟怒。
舊過殿風生妨水蔥，筆下霞殿，花不神怖。
盒中時學總展達，獅城震雲，趣破清茹。

精深處做學問 筆墨中見精神

學問報國一生愛荷 難忘在京專訪饒公

▲饒公親賞其書法作品《愛蓮說》

▲饒公臨黃庭堅《花氣薰人帖》
大公報資料圖片

▲饒公接受大公報記者專訪
大公報資料圖片

饒公主要學藝成就年表

1952至1968年	任香港大學中文系講師，後為高級講師及教授
1968至	任新加坡國立大學中文系首任講座教授及系主任
1970至1971年	任美國耶魯大學客座教授
1971年	任法國遠東學院院士（敦煌學），分一迪得榮文学會代表科日
1973至1978年	出任香港中文大學中文系講座教授兼系主任
1987年	香港《書譜》贈版出版（饒宗頤專輯），任香港大學中文系榮譽講座教授；任中國敦煌研究院客座研究員
1991年	「饒宗頤藝畫展」於香港大學馮平山博物館展行
1996年	香港大學美術博物館設學廊「饒宗頤八十回顧展」
1997年	創辦《華學》，獲香港藝術發展局頒視覺藝術成就獎
2000年	獲家文物局及甘肅省人民政府續授「敦煌文物保護、研究特別貢獻獎」
2003年	香港大學饒宗頤學術館成立
2004年	獲澳門大學人文科學榮譽博士學位
2009年	任中央文史研究館館員，獲香港藝術發展局終身成就獎
2011年	獲香港西冷印社第七任社長
2012年	獲頒法國儒蓮漢學獎及吳大學國際詩人獎，為亞洲首位獲此榮譽的漢學家
2013年	獲頒香港大學最高榮譽院士
2016年	饒學聯匯成立
2017年	名譽榮創；先後獲聘「唐德益年二」、香港中文大學藝術系教授，獲中國國家博物館舉辦「蓮蓮吉慶──饒宗頤教授學術藝術展」；香港基金發行「蓮蓮吉慶」郵票；「蓮蓮吉慶」書畫巡迴展分別在巴黎、北京中傳美術館及香港藝術中心展開

大公報資料圖片製表

饒老留「福」寄讀者

香港大公文資傳播主展計劃的春節年內讀者贈饒公福字，饒有「蓮一迪」的心願利贈者散得福字，透展贊應當九，萬於二月五日的然的每時都與敬意都的福福《福》字墜送，如今，饒老時都充加的《福》字成的長的留紹大文讀者的濃淡祝福。

福　百藝吉慶

總之文慕那今心之既時何謂公紹書，饒老的菊隨《福》字特別在製作場子賀十，並於日內歎大文遺書見前。

〔大公報記者 屍照〕

悼念饒公

蕭暉榮

寫給饒宗頤授安然離別，幾時饒公學年千，無數聞儀記，仍不覺今人倍感難也。我前前的香港學者業二〇一二年前喜為遇公在新加坡博物館和藝術大會安忘書跟展，是主編《饒宗頤藝集》（蓮苞蓮莱茲）二〇〇九年，看瀟公學術的記憶學展，看青真梁安會舉天，我的事業是歎學藝真，思藝轉彎、筆墨詩華。那十二年在座這是《都的賞》。

饒公與授最曾行一心經鴻何書介紹，饒老的菊隨《福》字學特那別在製作場子賀士年，並於日內歎大文遺書見前。

饒公是我集成之、考古、宗教、哲學、藝術、文学、書畫等研究的學、金飾人之學多研、書面、考古、金飾、法語的藝意多、佛学、考學也如鎮。除此之外，何饒公墨彩大家，更如藝藝藝藝藝，那於時代的每種美美景，高別藝境。，其藝藝藝飾藝的感趣，也是每分墨學墨集墨，以國人都的多鎮，提面展就論。以國行的過去，逆進後我的國就藝分心顆縫墨，楊行了提人，後行此能行政鎮的家，赤墨前何多藝。

▲饒公為西冷印社留下墨寶〔攝万〕
大公報資料圖片

（作者為中國文學金儲羅全會理事、中國美術會理事、香港美術主席、香港藝苑集團董事會〕

▲建黨百年系列訪周南
2021年7月1日《大公報》A10

周南訪問

　　1997年，作為實習記者，我先是親歷一批古稀之年老報人在京歡聚，為《大公報》95歲慶生，呂德潤、譚文瑞、高集、高汾等前輩悉數到場，家國情懷、同人之誼感慨萬千。十多天後，在天安門廣場東側矗立的香港回歸倒計時牌前，迎回歸人潮沸騰，至今我仍記得齊聲倒數讀秒的就有我青春面龐的同學們，他們為了表達中國人祝福祖國、祝福香港的美好心願。

　　何其有幸，一名剛踏入新聞門檻的年輕新聞人在筆錄歷史最負盛名的《大公報》，親眼目睹這樣的歷史時刻，情感共鳴油然而生。今夕何夕，水流雲在，百年新聞紙承載太多的民族情感，這裏有希冀和傳承，凝結幾代大公報人的赤子之心和無悔選擇。

　　《大公報》根植香港，作為「回歸一代」的大公報人，我懷着一顆虔敬之心，打開電腦上的word文檔，為我熱愛的《大公報》創刊120周年，也為香港變遷寫下一點記憶的片斷。「香港發展一直牽動着我的心」，是習近平總書記吐露的心跡，事實上，也是中央政府真誠呵護培育關愛香港特區的縮影。北京是中央政府所在地，也是對港政策的發起地。二十五載櫛風沐雨，我在北京，見證着、記錄着、感動着。

清晰記得，香港回歸五周年前夕，我們在中南海紫光閣獨家專訪國務院副總理錢其琛。他是主管港澳事務的國務院領導，也曾是大公報人。錢其琛當時指出，「一國兩制」的構想是針對台灣問題提出，首先運用香港回歸問題的解決上。「一國兩制」不是「你吃掉我」，也不是「我吃掉你」，這個構想在香港成功實施，必將對祖國統一大業產生積極的推動作用。他還興致勃勃參觀了「風雲激蕩一百年」《大公報》歷史版面回顧展，並與大公同事合影留念。

追憶當年，中央排除阻礙僅用 18 個月就推動完成 CEPA（內地與香港更緊密的經貿安排）談判，並於 2003 年回歸六周年在港簽署。我在一篇報道中寫道，CEPA 的簽署將是「中央政府送給香港的一份大禮」，《大公報》社評採用了這一說法。如果說 CEPA 意味着內地強有力地助港經濟復甦，為特區提供政策援助和經濟關懷的話，過往報道關鍵詞多為「挺港」。回歸二十多年，中央對港的關鍵詞悄然發生變化，「融入」二字也表明香港發展的內在邏輯：國家發展大局中提升香港競爭優勢，香港機遇與國家未來緊密交融。而由最高領導人親自謀劃、親自部署、親自推動的粵港澳大灣區建設，成為新時代國家重大發展

▲《大公報》與中共百年
2021 年 6 月 17 日《大公報》A8

▲筆者在北京，曾數次採訪國學大師饒宗頤先生。

戰略，亦是「一國兩制」的新實踐。

2005 年 9 月間，十餘天時間裏我穿行數千公里，跨越三省，星夜兼程，一路走一路寫。是次獨家採訪是內地首次向境外記者開放供港活畜活禽基地，在嚴格可追溯的國內高質量保供體系，我所見供港畜禽享受「動物福利」，活牛活豬活雞就是乘搭三趟快車千里迢迢輸往香江。在內蒙科爾沁大草原，壯美遼闊的祖國山河感染着我。內地始終是香港的最大底氣和後盾，港人的民生福祉素來是中央政府最為關切的。香港只要有求，祖國必定有應。無論是 SARS 還是新冠疫情，中央都果斷出手援港。黨的十八大以來，中央政府對於香港青年，從求學、實習、創業、就業全方位傾注政策關懷，我在內地採訪很多港青故事，他們的視野連同事業投向內地，港青北上漸成趨勢。

從「十二五」規劃港澳首次單獨成章，到「十四五」涉港 500 多字，香港在國家發展格局中的分量持續提升，支持香港建設國際科創中心明確寫入國家發展

規劃。創新科技是香港優勢，支志明教授在香港回歸十周年作為香港科學家首次獲得國家自然科學一等獎，他曾說：「自己最看重中國科學院院士的身份」。我還在北京數次採訪過國學大師饒宗頤先生，他多次受到國家領導人會見和致信，他所秉持「學問報國」理念是香港知識分子對國家的強烈認同。饒老鮐背之年在故宮神武門舉辦學術藝術展，他在家人攙扶下登頂神武門的畫面，我至今仍歷歷在目，那是故宮第一次為香港學者舉辦個展。而今香港故宮文化博物館即將落成開館，延續紫禁城建築群朱紅色主基調，將成為香港的文化新地標，令到香港同胞近距離就可觸摸中華文化根脈。

雄雞高昂的中國版圖上，一點都不能少。香港對於祖國則具有特殊意義。記得周南社長向我憶述，「鄧公不但提出了『一國兩制』的設想，而且親自領導香港問題的解決。他心目中的大事都與保證國家主權和中央對特區領導權力有關。他總是強調必須是由『愛國者』的港人來治港。」香港回歸歷經風雨洗禮，我也見證國家從法律層面對香港固本安邦，從被譽為「四大護法」的許崇德等老一輩先生對《基本法》的釋法化解憲制危機，到「一法定香江」——全國人大通過「香港特區維護國家安全法」，再到完善選舉制度，香港迎來新選制後的立法會選舉和特首選舉，開啟由亂及治的嶄新篇章。我看到新一輩法律人薪火相傳守護香江，也看到國家成立高端智庫全國港澳研究會，凝聚眾智，為香港長治久安繁榮發展提供政策支撐。有理由相信，香港一定會在國家發展大局中成就自己、成就國家、貢獻世界。

新聞是歷史的草稿。經年累月，微光成炬，波瀾壯闊的時代畫卷，由那些看似不經意的紀錄和生動真切的故事所勾勒。新聞人的價值或許正是在親筆繪成的素描稿和工筆畫，留下時代的刻度和記憶。重溫「忘己之為大、無私之謂公」的報名釋義，這種精神感召就像初聞時的鼓舞，再度受到砥礪鞭策。

江山留勝跡，我輩復登臨。「一國兩制」是一項前無古人的創造，這種「特殊」價值貫穿回歸 25 年。從香港「特別」行政區的探索，到中國「特色」社會主義的實踐，香港已成為國家治理體系這張藍圖的重要組成部分。前輩報人已書寫輝煌業績，在兩個甲子的報慶節點，我輩當繼承發揚《大公報》的愛國傳統，為民族復興和「一國兩制」偉業發出建設性的聲音。

很遠又很近

大公報記者　黎冬梅

2022年「五一」假期，香港朋友發來兩張照片：一張照片的右邊能看到一個用中英文標註「香港海關入境」的藍色牌子，正中間是被稱作「春筍」的深圳地標建築；另一張照片是香港口岸入境大廳，一個很短的隊伍在排隊過關，照片上的人都戴着口罩。當我回覆香港朋友拍照地是深圳灣口岸時，香港朋友說這是她在微信朋友圈裏看到的，上面加註了標題「很遠又很近」，不禁心生感慨。

▲廣深港高鐵香港段開通，香港步入高鐵時代，香港市民從西九龍火車站 14 分鐘即可抵達深圳福田高鐵站。

　　香港朋友告訴我，她在深圳的居所距離「春筍」不遠，疫情前，每到周末她都會經過深圳灣口岸回深圳，但是因為疫情，她已經兩年沒有回深圳住地了，看到朋友圈上的照片，感覺深圳和香港真的很遠又很近。

「一國兩制」交匯點深圳灣口岸

　　自 2020 年 2 月 8 日起，受疫情影響，深圳灣口岸是深港十幾個連接口岸中唯一保留的旅檢通道口岸，香港與內地人員往來只能通過這個口岸進出。如果沒有疫情，「五一」小長假，這個口岸將會同其他深港口岸一樣排起長龍，變得特別繁忙。疫情下，因為「唯一」，讓更多的人知道並關心深圳灣口岸。作為一個在深圳工作的香港媒體記者，我對於深圳灣口岸更是有着別樣的記憶。

2007 年 7 月 1 日，作為香港回歸十周年獻禮工程，深圳灣口岸正式啟用，時任國家主席胡錦濤出席開通儀式，到 2022 年，深圳灣口岸啟用已有 15 年的時間。這個在中國首次採用「一地兩檢」作業模式的口岸位於深圳西部南山區，毗鄰前海深港現代服務業合作區，是「一國兩制」的交匯點，15 年前，在深圳灣口岸開通後一周，當地口岸部門組織的媒體採訪，讓我對於「一國兩制」交匯點的準確定義有了深刻認識。在內部人員的帶領下，記者們進入兩地海關辦公區，區別於其他口岸香港和深圳海關分屬兩地，在深圳灣口岸，兩地海關在同一座大樓內辦公，一條鮮明黃色的線，將兩地海關的監管區域隔開，裏面有一間特殊的合署辦公室兩地海關事務協調中心，這裏也是雙方交流平台。面積約 30 平方米，地面也有一條黃線把空間平均分成兩部分，兩邊牆上分別掛中國海關和香港海關標誌，中間擺放一個大大的會議桌，桌子的兩邊分屬各方，分別擺放中華人民共和國國旗和香港特別行政區區旗。海關人員向記者介紹，兩地海關各有一把這間辦公室的鑰匙，當遇到口岸過關高峰或者突發事件以及聯合打擊走私等需要會談時，事先打電話約好時間，雙方分別從各自的門走進這間辦公室坐在會議桌自己的那方，不會「越雷池一步」。比較有意思的是辦公室牆上一張深圳灣口岸開通儀式上兩地官員的合影照片，照片以中間線為參照，香港和深圳兩地政府官員的影像分別在各自的「地盤」上。

「一地兩檢」模式下，經深圳灣口岸進出境旅客正常情況下 10 分鐘即可過關，客運、貨運車輛來往深港兩地也僅需 10 至 15 分鐘，大大節省了旅客和車輛的通關時間。日均旅客流量從開通初期的 3 萬人增長到後來的 10 幾萬人次，高峰期甚至達到 20 萬人次。在深圳灣口岸開通十周年的 2017 年，我曾經採訪過一位經常往返兩地工作的港青，他在前海有一家自己的創業公司，每次出入境都選擇深圳灣口岸，在他的概念裏，除了高峰期，正常情況下過關是沒有時間阻礙的，深港兩地真的不遠。

不斷增加的通關渠道拉近兩地距離

2007 年是深圳和香港兩地跨境工程的大年，在深圳灣口岸開通後一個半月，距離首個 24 小時通關口岸皇崗口岸不到 5 公里，深港首個軌道交通接駁的口岸福

▲「一國兩制」的交匯點——深圳灣口岸兩地海關事務協調中心。

田口岸正式開通。彼時恰逢內地赴港自由行開通四年，福田口岸的開通極大地緩解了羅湖口岸和皇崗口岸的壓力，儘管節假日高峰各大口岸仍要排長龍，但是各個口岸都設置了指紋自助通關模式，令通關速度大大加快。

　　在深港之間已經開通的口岸中，起初只有從羅湖口岸可以搭乘火車往返兩地，隨着兩地往來的日益密切，鐵路發車頻率逐年提高，高峰時期 2 到 3 分鐘就有一班，毋須等待過長時間，兩地往來像在一個城市一樣方便。而福田口岸開通後，兩地民眾多了一個可以搭乘火車的口岸。內地赴港自由行開通，香港迎來零售業黃金 10 年，幾乎每逢重要節日，作為記者的我們都會關注口岸客流和赴港旅客都喜歡赴港採購哪些商品。福田口岸開設了很多香港商店，有很多深圳人為了方便，經常去那裏買包括一瓶醬油在內的港貨，不用「跋山涉水」，香港店舖就在深圳

▲深港兩地民眾乘高鐵往返兩地。

人的家門口。

　　福田口岸開放時間與地鐵運營時間相配合，從香港落馬洲經福田口岸入境後與之相連的是深圳地鐵 4 號線，深圳地鐵 4 號線被媒體稱為深港兩地深化合作發展的一個重要里程碑，因為這條線路由香港地鐵公司負責管理和運營，不僅為深圳市民帶來快捷優質的軌道交通服務，更進一步加強了深港兩地的緊密連通。這條線路沿途幾個車站風格能夠在港鐵東鐵綫和港鐵屯馬綫各車站找到接近的外貌。地鐵 4 號綫的一段連着福田口岸，另一端連着深圳北站，那裏是深圳乃至大灣區

規模較大、接駁功能齊全、設備技術先進的高鐵站，深圳北站於 2011 年底投入使用，疫情前一直是港人北上返鄉和內地高鐵遊的第一站。

　　Stella 是我經常採訪的對象。她與朋友在深圳開了一家諮詢公司，專門服務在深圳創業的香港人，她的公司在深圳福田，她從香港過來一般是從觀塘乘坐地鐵，然後在福田口岸入境，路上花費的時間一般需要一至兩個小時，2017 年在香港回歸 20 周年之際，她曾經向我感嘆，如果廣深港高鐵通車並實行「一地兩檢」，以後她再往返兩地就能節省一個多小時的時間了。她的願望很快在一年後得到了實現。我至今記得，2018 年 9 月 23 日廣深港高鐵香港段正式開通，她購買了從香港西九龍到深圳福田站的第一班高鐵票，沿途一路拍照片和視頻給我用作新聞素材，僅僅 14 分鐘車程，用她的話表述，感覺車剛剛出發就到站了，香港和深圳真的太近了。

　　今年是香港回歸 25 周年，持續兩年多的疫情，隔離、過關的限制似乎拉遠了兩地的距離，但是大灣區建設的步伐正在加快，香港北部都會區構建「雙城三圈」的推進拉近兩地的距離。近日深圳口岸辦發布消息正式啟動羅湖口岸重建規劃，預留與香港東鐵綫軌道接軌，坐火車從羅湖直達香港可期，實現深港雙城交通「通勤化」。深港河套地區有一個「一號通道」，兩地政府也在謀劃未來河套地區兩地科技人員持證自由通關的問題。疫情終將會過去，雙向奔赴的新旅程只會愈來愈近。

三年，
我們與時代同行

大公報經濟部　林靜文、李潔儀、李永青

120年來，《大公報》以歷史見證人的身份，鉅細無遺地記錄國家大小事。這25年間，也一同見證特區政府打大鱷、力戰沙士、抵禦金融海嘯等種種大事。而在眾多新聞事件中，最痛莫過於2019年嚴重衝擊香港社會的黑暴，還有持續了近三年、奪去九千多條寶貴生命的新冠疫情。

▲滿地磚頭、燒焦的路障、黑衣人毆打無辜市民……2019年的黑暴,令我們熟悉的城市變得陌生。

一、一夜變身陌路人

　　回想起三年前的修例風波,腦海便會浮現那些血腥暴力畫面:蒙面黑衣人四出堵路縱火、無辜市民在街上被暴徒斥罵,甚至被打至遍體鱗傷的景象……唏噓、痛心的感覺再次湧上心頭。黑暴令遊客止步,香港「購物天堂」的美譽化為烏有。那年香港經濟錄得「金融海嘯」後首次負增長,市民、商家既憂心又氣憤。

　　「香港幾代人努力得來的成果,差點被一場黑暴搞垮,實在令人好痛心。」眼見幾代人辛苦建立起來的國際都市,將會在這場暴亂中毀於一旦,讓一群熱愛香港的市民非常焦慮。

　　香港不少成功的港商,都是年少時隨家人來港,身無分文,入工廠做學徒幫補家計,一周工作七天,全年無休,吃不飽、穿不暖,甚至是經歷過戰亂,依靠

▲黑衣人大肆破壞政見不同的商店，衝擊香港的法治根基。

中小企受暴亂影響調查

影響	比率
生意下跌	71.6%
跌幅 10% 至 20%	27.9%
跌幅 20% 至 30%	26.5%
跌幅 40% 至 50%	10.5%
跌幅 50% 以上	10.0%

自己的勤勞和努力，建立安穩的生活，他們的拚搏亦是現在人們所說的「獅子山精神」，他們明白如今的和平得來不易，分外珍惜。但在修例風波期間，假新聞和假消息鋪天蓋地、以訛傳訛，撕裂了多少親情和友情。

一名邁入花甲之年的港商痛心香港竟被這場暴亂拖垮，更令他心寒的是，身邊不少學識淵博，平日言行斯文有禮的親友或同事，誤信謠言，理直氣壯地

▲這三年疫情來襲，香港的飲食、零售、旅遊業陷入寒冬，苦不堪言。

參加違法行為，甚至因意見不合，一夜之間變成陌路人……

彼時，西方媒體報道偏頗，也令不少外商以為香港已成煉獄，繼而拒來港談生意，令港商生意受損。一名不願意透露姓名的港商感嘆：很多暴徒更針對不同意見人士，對其商店進行打、砸、搶、燒的暴力攻擊，迫使支持政府人士噤聲。「這絕對不是我所認識的香港，香港從來是和平開放，搞到如此境地，好失望、好悲傷。」

社會嚴重撕裂，記者邀約採訪，也變得困難重重。過去不少願意接受我們訪問的人士，即使不支持這些暴徒，也不敢大聲說出自己的想法，媒體亦被「油上了顏色」。一位在港經營蛋糕店的老闆，在收到我們的採訪邀請後，面露難色地說：「不好意思，暫時不接受訪問，希望低調一點，無謂畀人『裝修』（店舖遭搗亂、

打砸）。」甚至一些大企業也恐遭到報復，直言「現在時勢比較敏感，想盡量低調。」

經歷了黑暴帶來的慘痛，商界和市民都認為，有了香港國安法，本港才會繁榮穩定，由亂到治。那位蛋糕店老闆後來更主動找回我們，盼能見報，這也顯示了重回正軌的香港，營商環境更安全，更能發揮優勢。

二、疫下香港出路

黑暴過去，香港經濟還未收復失地，2020年初疫情來襲。然而，迎難而上、逆境自強、不屈不撓、同舟共濟，不正正是上一代傳承下來的「獅子山精神」嗎？

香港的零售旅遊業最近三年苦不堪言，香港零售銷售額在2019/20年均錄得雙位數下跌，2021年在低基數、疫情趨穩、政府派發消費券等推動下，錄得正增長。但今年首季又再被第五波疫情打殘。

在防疫措施下，戲院關閉，電影上映無期、行業寸步難移、業界絕望不已……香港電影工作者總會會長田啟文在訪問中，難掩落寞，長時間的關閉，令電影業收支失衡。2021年3月底，在港經營36年的UA院線宣布全線結業；2022年2月，開業僅四年的Cinema City糖街Victoria戲院亦宣告結業，整個影業界愁雲慘霧，無不感慨風光一時的香港電影業，未能捱過疫情這一關。

不過，儘管線下零售、旅遊受到疫症的無情打擊，但港人向來靈活變通，紛紛疫市轉型，零售商拓直播、外賣平台崛起、港電影業靠合拍片進軍內地市場、旅行社賣外國特產幫補生意。2021年和2022年首季，香港線上銷售分別大幅飆升近39%和36.3%。

昔日吸引大批港人和遊客的維港賀歲煙花因疫情誤場，但引入了VR技術；黃大仙近一個世紀以來首次取消公眾頭炷香，卻開放了網上祈福，傳統習俗也趕上了互聯網潮流。這些種種，難道不是港人的創意嗎？

對於記者來說，疫情也為日常採訪任務帶來不少改變。不知何時開始，騰訊會議、Zoom和Webex這類視頻會議軟件，已在我們手機最顯眼的位置。與過去一個接一個採訪地點的跑、面對面採訪不同，如今的我們，已變成了一場又一場的線上會議，甚至電腦、平板和手機同時開着參會，疫下媒體生態迎來了翻天覆

地的變化。

三、香港經濟再起飛

2020 年，香港國安法在港實施，社會重回正軌，港人重獲穩定祥和環境；2021 年，中央出手完善香港選舉制度，落實「愛國者治港」，那麼，由愛國者組成的治港團隊，如何才能帶領香港揚長避短、扭轉困局，在新的大時代背景下再創輝煌，讓香港經濟再起飛？

面對歐美的不景氣，實施「雙循環」戰略的中國，經濟穩步增長，不少港商亦看好此商機，紛紛拓展內銷，更希望能夠將香港品牌推廣出去。在香港金融中心建設方面，無論是金管局總裁余偉文，還是港交所主席史美倫等財金猛人紛紛認為，要強化跨境金融合作。

的確，今年邁入第八年的互聯互通機制，持續完善和優化，其中去年滬深港通的北向和南向交易年成交額分別達 27.6 萬億元人民幣及 9.3 萬億港元，較 2020 年上升 31% 及 70%。

「中國經濟是香港前景的最大底氣。跨國機構最看中的香港金融穩定也不會改變，外資的信心將會進一步得到鞏固和提升。」建行亞洲行長張駿受訪時這樣說道。

如今的香港，由亂到治的局面不斷鞏固，亦是由治及興的關鍵節點，實現良政善治迎來了最佳時期，香港發展迎來了歷史機遇，在中央一如既往的支持下，我們應該重拾信心、頑強拚搏，傳承上一代真正的「獅子山精神」，攜手讓香港經濟再起飛。

作為記錄歷史，見證時代的我們，會一直努力讓下一代看到港人奮鬥的歷史。

與世界同此涼熱

大公報記者　江恒

在《大公報》百年輝煌的歷
史中，曾經湧現出許多傑出的駐
外記者，比如見證日本投降儀式
的朱啟平、報道二戰時期歐洲戰
場第一人的蕭乾、首位參加美國
總統記者招待會的中國女記者楊
剛等，他們以敏銳的視角、優秀
的文筆以及不凡的經歷為《大公
報》史寫下濃墨重彩的一筆，也
激勵着新一代《大公報》駐外記
者以他們為榜樣續寫新的篇章。

記錄大公報人共赴國難文章報國
《一份報紙的抗戰》在京首映

一九〇二年英天津創刊的大公報第一號　資料圖片

中國首部以「報人抗戰」為題材的大型紀錄片《一份報紙的抗戰》25日在京舉行首播發布會。這部紀錄片共分六集，以大公報參與、推動抗戰為線索，講述了一份報紙在國家危難之際的特殊貢獻與擔當。大公報邀福緝賣表示：「吾輩年來大公報一直是歷史的忠實記錄者。這部紀錄片將分布在全國各處的珍貴史料變成了如此光彩照人的影像資料，不僅值得年輕人學習，也值得各階層觀眾去體味。」大公報著名記者蕭乾夫人文潔若、大公報原杜長張政之孫女胡冰、大公報創編人英斂之曾孫英達、大公報著名記者邵德潤之女呂安妮等出席首映式。

大公報記者張寶峰、張帥、孫琳北京報道

中國首部反映報人抗戰的大型紀錄片
一份報紙的抗戰　首播發布會

《一份報紙的抗戰》紀錄片主創團隊合影　　　　　　　大公報記者姚勇、王靜攝

填補抗戰紀錄片空白

《一份報紙的抗戰》以1931至1945年大公報參與、推動、及源於中國民族及世界反法西斯戰爭證一重大事件為縱軸，講述了中國軍民文化界在國家民族危難之際的家國情懷和文獻精神。

六集紀錄片的題目均取材於大公報傳誦後世的仗義名篇，分別為：《明恥教戰》、《中國的北斗》、《正義在天下》、《我們在前線》、《跌宕年代》的記憶》和《正視沉痛》。每集分以第一集紀錄片拍攝了國內向敵職戰材料聯片的空白，填補抗戰新聞中原像電視見聞具備權威的重大獨家文獻材料應用。

蕭乾夫人親安倍觀看紀錄片

起源片選取物像顯示歷史是透過，《一份報紙的抗戰》紀錄片調動全世界...

△大公報總編輯賈西平致辭
大公報記者姚勇、王靜攝

報人後代：出生入死鑄不朽文章

【大公報訊】記者韓一存／踏尖北京報道，25日，在《一份報紙的抗戰》首播發布會場上，大公報家長蕭乾之後文洁如與次女蕭荔子感慨頗深。蕭荔子說，這部紀錄片等於用美妙的影像...

細節豐富　還原歷史　有血有肉

【大公報訊】記者宋春華、李曉鵬、計多慧北京報道：在25日舉行的《一份報紙的抗戰》首播發布會上...

專家：紀錄片是對抗戰史獨特書寫

【大公報訊】記者常賀峰、周…

精品力作來自優秀記者

紀錄片《一份報紙的抗戰》劇照
新聞社

日本投降矣　　　　　資料圖片

▲2016年4月，紀錄片《一份報紙的抗戰》在北京首映。電影講述《大公報》參與、推動和見證中國抗戰。筆者有份協助攝製組，在英國尋訪《大公報》駐外記者蕭乾當年走過的足跡。

掌握全球脈搏

和許多駐外媒體同行一樣，《大公報》駐外記者也肩負着站在第一線「冷眼觀世界」的重要使命，為此要當好時代的「瞭望者」，充分掌握全球脈搏，做到哪有新聞哪有我，尤其面對世界上每天發生的紛繁雜亂的國際事件，要具備敏銳的觀察力、深刻的思考力以及精準的表達力，從而去粗取精、去偽存真，確保新聞報道的質量和公信力。

多年來，歷任《大公報》駐外記者懷揣夢想，不辱使命，砥礪前行，為將《大公報》打造成海外華文媒體最具影響力的報紙添磚加瓦。曾擔任十三年《大公報》駐美國首席記者的張少威、曾擔任逾十年《大公報》駐美國首席記者的黃曉敏等等，他們都有着優秀的職業素養，對國際政經形勢有着深刻認識。

講好中國故事

《大公報》作為有着悠久歷史傳承的愛國報紙，在海外華文媒體中保持着獨特的影響力，《大公報》駐外記者也秉承不忘歷史、不忘初心，始終如一地將做好傳遞中央聲音的金話筒放在首位，時刻牢記講好中國故事，向世界展現可信、可愛、可敬的中國形象。

上世紀八十年代開始擔任駐英國首席記者的黃念斯，承擔了見證和報道中英關於香港回歸談判的艱巨任務，她形容當時海外的華文媒體發展遠不像今天如此興盛，《大公報》是為數不多、有影響力的中文報紙之一，加上報紙的愛國背景，令《大公報》成了外界了解中英談判進展的一個重要渠道。

筆者有幸擔任了五年《大公報》駐英國首席記者，在 2015 年國家主席習近平對英國進行國事訪問期間，我詳細和生動地報道了整個訪問行程，給讀者勾勒出一幅中英開啟互利共贏的「黃金時代」的歷史性畫卷。在駐外期間，我也一直把走入英國民間、關注中英人文交流作為採訪重點，把向世界傳遞中國聲音、講好中國故事貫穿新聞報道的始終。

時刻心繫香江

《大公報》駐外記者雖眼觀天下，但時刻心繫香江，並通過忠實的筆觸，將這一方水土上日新月異的變化呈現給世人。因為見證歷史的同時，也在書寫歷史，這既是《大公報》「忘己之為大，無私之謂公」的宗旨，也是身為大公報人的責任。

2012 年倫敦奧運會期間，駐英國首席記者黃念斯利用主場優勢並充分發揮融媒意識，與大公網合作推出多個欄目，第一時間報道賽場內外最新奧運戰況，其中《大公報》全面展現了《大公報》的香港特色奧運報道，是最吸引眼球的欄目，也成為對外展示香港體育健兒拚搏精神的窗口。

在香港經歷黑暴，以及實施國安法和完善選舉制度以來，筆者作為駐英國首席記者始終堅持客觀公正地報道香港政局發展，並通過採訪國外政界、法律界等權威人士反駁對香港特區政府和警方的抹黑，同時以海外港人的客觀角度來為香港未來發展建言獻策，讓外界看到一個由亂到治、欣欣向榮的香港。

2015 年，講述《大公報》參與、推動和見證中國抗戰的紀錄片《一份報紙的抗戰》籌劃拍攝，我協助攝製組在英國尋訪《大公報》駐外記者蕭乾當年走過的足跡，在此過程中，我重新認識了這位老前輩：他不僅深入戰爭一線和走進當地人生活，寫下大量戰爭風雲和社會風貌的新聞佳作，還踏遍英倫三島的大小城鎮宣傳中國的抗戰，成為向世界傳遞中國聲音的義務講解員，他的駐外記者生涯正是一代代《大公報》駐外記者的真實寫照。

一份百年老報對
香港文化的關愛之情

大公報記者　劉毅

光陰荏苒，看着眼前新落成的香港故宮文化博物館，我的思緒飄至六年前，香港特區政府與北京故宮博物院簽署合作備忘錄，確定於西九文化區興建香港故宮文化博物館，展出一系列由北京故宮博物院收藏的珍稀國寶。消息一出，心情難掩激動，要知道，以往每當北京故宮博物院藏品於香港展出時，都會引起萬人空巷。這項決議，意味着人們可以不用去往北京、或是等待特展到來，也能領略到皇家宮廷文化風采。

副刊
Treasure
汲寶齋

▲黃公望《富春山居圖》局部，台北故宮博物院藏　網絡圖片　　　　　▲《韓熙載夜宴圖》的「清吹」部分　網絡圖片

《富春山居圖》《韓熙載夜宴圖》
故宮專家為藏品解碼

北京故宮博物院藏品之多，令人嘆為觀止。其前身為住過明、清兩代二十四位帝王的紫禁城，歷經百年滄桑，自一九二五年起，逐步向公眾開放，查客躋身其中。面對歷經歷的珍品，自是應接不暇，而能內藏品知多少？每一件藏品又有著怎樣的故事？本自北京故宮專家日前來港談資了，從《富春山居圖》流傳經過到《韓熙載夜宴圖》潛藏周謀信息，再到歷代瓷器鑒定之法，揭開塵封往事，為藏品解碼。

大公報記者　劉毅

體現黃公望晚年心境

▲北京故宮博物院藏《明代宣德青花蓮子壺文出戟法輪盤螺》　網絡圖片

▲元代畫家黃公望像　網絡圖片

山居圖「真假難辨」

夜宴圖或為南宋摹本

張大千攜夜宴圖居港

▲引趙宮球華刻公案的《富春山居圖》子明卷。盧上嘉乾隆御筆題跋　網絡圖片

▲沈周臨仿《富春山居圖》（局部），北京故宮博物院藏　網絡圖片

▲《韓熙載夜宴圖》特寫「送客」部分引繪含主人家的落寞心境　網絡圖片

▲宋代「六太兄」（左三）　網絡圖片

掃描 QR Code
上大公網瀏覽
更多藏品資訊

▲北京故宮博物院藏品介紹　2017 年 4 月 26 日《大公報》B10

▲香港故宮建築的外觀設計擷取了中國古代藝術文物造型的精粹，上寬下聚，善用空間，亦可以展現出中國傳統藝術和建築的巧妙平衡感。

▲「縱橫連結──香港故宮」展位

一篇文化報道的使命

可以說，這是一個歷史性的時刻。身為立足香港的百年大報，怎能不予以關注？所以，當我得知自己負責相關主題報道時，內心多了使命感。為此，香港《大公報》副刊從香港故宮文化博物館還只是一個概念時，一路關注報道，直到它修建成功。踐行了一份百年老報對香港文化界的關心。我在進行採訪工作時，也切實做到了認認真真記錄有關它的點點滴滴。

我在兩年前，博物館剛剛搭建好框架時，已經開始跟進工作，親眼見證這座建築如何破土而出，再到它以全新面貌矗立在公眾眼前。最初，我驅車前去西九文化區建築工地一探究竟時，它還只是一個建築輪廓，還需要頭戴安全帽才能聆聽一場發布會。隨後但凡有與其有關的主題活動，譬如去年的香港書展，只要看到有關香港故宮文化博物館的主題講座，都會報名參加。

今年年初，香港第五波疫情來襲，我難免有些擔心，想到原定在今年開展的香港故宮文化博物館會不會因此受到影響，繼而拖慢進度。但就在疫情剛剛回暖的四月，當從採訪主任處得知可以約訪香港故宮文化博物館副館長王伊悠，以及一眾建築總設計師、策展人、

▲圖解香港故宮文化博物館　2022 年 5 月 15 日《大公報》A13

▲香港故宮文化博物館藏品修復主任專訪
2022 年 5 月 22 日《大公報》A15

文物修復師、本地藝術家等人時，忍不住摩拳擦掌，暗自鼓勵自己，一定要好好記錄他們每一個人的最真實感受，用打動人的故事、系列專題的形式，告知廣大讀者，香港故宮文化博物館如何煉成。為此，我做了不少事前採訪準備工作，譬如了解受訪者的背景，並從讀者想要獲悉的角度出發，用心構想每一個專訪問題。

待到了正式訪問，面對香港故宮文化博物館副館長王伊悠，以及主題展的策展人楊煦、陳麗安等人，我先問他們各自的成長背景，繼而勾連出他們作為香港故宮文化博物館團隊一分子的情懷，以及為此付出的努力。為的是想更為立體寫好他們的故事，讓讀者感受其背後承載的文化力量。撰寫文章時，力求準確還原他們的創意和構想。

香港是一座中西合璧的大都會，建於此的香港故宮文化博物館又該有怎樣的氣質？總設計師嚴迅奇希望觀眾可以在館內看展時能想到北京故宮博物院的青磚和琉璃瓦。在一個大雨的早上，為了令觀眾先睹為快，我冒雨趕赴香港故宮文化博物館落成後的首個傳媒導賞，只見採用了紫禁城建築群之主色調的博物館大樓十分引人注意，朱紅色大門上裝飾有一排排門釘，也是參照故宮的門

釘裝飾設計。中庭天花，則以現代手法演繹紫禁城內宮殿屋頂的琉璃瓦鋪設，遠遠望去，如竹簾似輕紗。

一座鏈接兩地的心橋

　　由知名建築師設計展覽場館，故宮文物要在香港平安展出，還離不開修復師的「護駕」。為了養護一批價值連城的北京故宮博物院館藏，館方面向全球招募到了兩位文物修復主任。撰寫他們的故事之前，我一直以為文物修復是文科活，但與他們一席話後，更深刻認識到文物修復不僅要有深厚的文學積累，更需要科技的幫助，聽他們嚴謹地講述預防性保護文物的重要性，深感文物修復工作之使命感——面對破損的文物，他們耐心去用科技手段為文物進行「體檢」，再評估所有可能出現的難題之後，才去定一個最適合文物的修復方式，其間的認真熱忱，更實踐了何謂擇一事、愛一行。

　　香港故宮文化博物館在香港的誕生並不容易，也曾經歷過質疑和風波，也曾有人擔心它的出現會擠壓西九文化區的表演場地，但是記者感到它的出現更似一座鏈接內地與香港的心橋，香港能夠得到國家支持，在西九文化區興建故宮文化博物館，令更多人有機會接觸

▲香港故宮文化博物館策展人專訪
2022 年 5 月 8 日《大公報》A14

▲香港故宮文化博物館館長吳志華
（右）與鄭培凱於香港書展開講。

▲香港故宮文化博物館副館長王伊悠。

故宮，認識故宮，感受故宮，通過故宮的展品了解中國歷史，認識中華文明，才是真正的眾望所歸。撰寫這篇稿時，有關香港故宮文化博物館的系列專題還在進行當中，希望在不久的未來，可以更多地為本地讀者講好有關故宮館的故事。

記者也曾在北京生活過一段日子，對於故宮也有一份情意結。以前遊覽故宮，總感到想看的文物太多太多，不能一次盡興。希望未來在香港的日子可以彌補到先前的小缺憾。寫這篇文章時，有關香港故宮文化博物館的採訪故事，依然是未完待續。希望可以通過我的筆，去見證其發展歷程。

除卻香港故宮文化博物館開展的這一大事件，今年還是香港《大公報》成立一百二十周年，作為全世界最古老的中文報紙，它見證了太多崢嶸歲月、時代輝煌，陪伴讀者走過一個又一個歷史的重要時刻。身為其中的一分子，如今又能作為香港故宮文化博物館建成的報道者、親歷者，與有榮焉。

▲南中庭和觀景台,可一覽香港島的天際線。

報紙魅力猶存

大公報體育課

隨着互聯網的普及、社交媒體的興起，融媒體經營概念的推展，《大公報》在國際大型賽事舉行期間，組織強大的工作團隊通力合作，大後方做好提前策劃編採計劃，無論紙媒還是網媒都產生了良好的傳播效果。除了體現融媒多元編採方向、與時並進，《大公報》努力鞏固傳統紙媒的優點，透過精密的組織、高效率的跨部門協調，達至權威性、專業性、新聞性兼備的效果，彼此相輔相成，相得益彰。

▲大公報特派記者張銳現場直擊李慧詩揚威雅加達亞運會。

　　去年的東京奧運會，中國香港代表團取得 1 金 2 銀 3 銅的歷史性佳績，張家朗成為香港回歸祖國後奪金的第一人。今年初的北京冬奧會，中國完成了「雙奧之城」的壯舉，籌辦了歷來最成功的冬奧會，取得舉世認可的驕人成就。

　　中國冬奧健兒以 9 金 4 銀 2 銅刷新金牌和總獎牌數的歷史性新高，蘇翊鳴、谷愛凌等新星綻放光芒，中國體育發展，正朝着更輝煌的方向邁進。

　　賽場上，優秀運動員拚搏作賽，教練們運籌帷幄，大家攜手貫徹「更快、更高、更強、更團結」的奧林匹克格言力爭佳績。

　　採訪區內，《大公報》一直見證祖國及本地體育健兒在國際大賽揚威為國爭光。

（一）大賽前做好統籌採訪計劃

在 2018 年俄羅斯世界盃、2021 年東京奧運會、2022 年北京冬奧會等國際體育大賽，《大公報》均有派出記者現場直擊賽事盛況。體育課在記者出發前約一年，即大概在決定派員採訪之時，便要開始制定詳細的賽事編採計劃，為讀者直擊激動人心的時刻。前線記者每日所需進行的工作，包括每天將會進行的重要賽事、所涉及的工作分配，均與後方大本營作出清楚明確的溝通。所以說，運動員奪金絕無僥倖，我們要將現場直擊採訪工作做好，也要有一絲不苟的策劃，尤其是在疫情下，採訪工作的難度較往常更大，前線記者無懼疫情，在東京奧運和北京「兩奧」期間，遵守嚴格的防疫規定進行採訪。憑着一腔熱誠，我們一次又一次把精彩的國際賽事報道，帶給香港市民。

另外，在統籌採訪計劃時，編採團隊有需要與記者預先評估比賽當地的各種情況。例如當年採訪俄羅斯世界盃的前線記者反映，當地球迷在晚上慶祝時，每每出現球迷醉酒鬧事、藉輸波撩事生非等打鬥事件，記者要在確保自身安全下，發揮「鐵腳、馬眼、神仙肚」本色，在安全和精彩內容上作出適應的平衡。

又以東京奧運會和雅加達亞運會的

▲大公報特派記者張銳（右）在雅加達亞運，與中國游泳隊名將劉湘合照。

▲大公報特派記者何嘉軒到莫斯科採訪世界盃決賽周賽事。

▲張家朗（中）與師兄張小倫（右）、教練 Greg 共享喜悅，大公報記者張銳現場直擊。

採訪為例，前線記者是需要時刻保持專注，在各環節都做到滴水不漏，並且防範臨時的變化，做好隨機應變的準備。譬如以堵車馳名世界的雅加達，記者反映要提前至少一個小時甚至更多的時間到達一個新的比賽場地，以防出現的士司機走錯路，或者場館出入口指示混亂等情況；採訪遇上困難時，記者也要懂得臨場應變，嘗試和場地工作人員協商。

（二）即採即發、媒體融合

大公報特派記者在國際大型賽事採訪期間，除了向報紙供稿外，亦透過大文智媒系統的宏觀統籌、微信工作群組的配合下，做到「即採即發」（包括稿件、圖片和短視頻），透過全媒體全方位報道，有效實現一次採集、多種生成、多元傳播，全面報道了包括東京奧運、北京冬奧、北京冬殘奧等大型賽事。

例如張家朗奪得男子花劍金牌、劉詩蓓勇奪兩面游泳銀牌、港乒女隊摘得

▲大公報特派記者張銳採訪奧運男籃賽事。　▲大公報特派記者張銳赴東京採訪，他在上飛機前，巧遇香港游泳隊成員 selfie

團體賽銅牌、劉慕裳取得空手道女子個人形銅牌和李慧詩勇奪單車爭先賽銅牌等，都經全媒體、《大公報》融媒體作廣泛傳播，包括《大公報》及《文匯報》Facebook、點新聞、Twitter 和 YouTube 等。

　　此外，在《大公報》緊貼最新融媒發展趨勢，在東奧、北京冬奧、冬殘奧版面上配發短視頻，讀者在閱讀文字版面時，同時掃瞄 QR Code 觀看視頻，互相配合，起了良好的宣傳效果。讀者們「掃一掃，有片睇」，印證了融媒概念的深入人心。

（三）內地新聞中心和記者站積極配合

　　以東京奧運會為例，中國代表團獲 38 金 32 銀 18 銅共 88 枚獎牌，金牌數、獎牌數僅次於美國，位居第二（金牌總數落後美國隊 1 枚），追平在倫敦奧運會取得的境外參賽最好成績。中國選手奪得金牌後，內地新聞中心和記者站的記者積極配合，即時採訪了獲金牌選手的父母、啟蒙教練和親友等等，如射擊好手楊倩摘中國隊東奧首金，7 月 25 日 A2 版頭條《楊家弄村成歡樂海洋　鄉親：你是全村的驕傲！》、配稿《啟蒙教練：她擅長絕殺》，使版面生活感濃厚，內容更充實，可讀性提高。內地新聞中心和記者站配合了港館的工作部署，發揮了良好的作用。

▲大公報特派記者何嘉軒在世界盃賽場外，拍攝打氣的埃及球迷。

（四）跨部門會議策劃溝通，製作高質量紙媒新聞版面

　　雖然紙媒的確在資訊發布的時效性較網媒要慢，但出色的美術編排，能夠製作出極高美術水準的版面設計，例如大公報在張家朗奪得金牌翌日的底、面跨版，在選圖、整體布局和效果都做到傲視同儕、向讀者展示權威媒體風範。以張家朗奪金當晚的版面安排為例，港聞、體育、副刊、美編等部門人員，在短短 2 小時內舉行了數次底面跨版工作會議，以細化菜單的方式仔細面談商討，極速製作出翌日的底、面跨版內容，展示出強大的組織和執行能力。大公報 7 月 27 日《家朗，好劍！》的底面跨版，就是大家努力所取得的經典成果。張家朗當晚創造傳奇，《大公報》上下亦在報紙各版面上創造傳奇。愈來愈多讀者喜歡看《大公報》體育版，他們說，雖然有手機，但看《大公報》能「頂癮」！

書　名：《新聞背後的故事》
　　　　——寫在《大公報》創刊120周年之際

出品人／策劃：李大宏

主　　編：于世俊

文　　字：大公報記者
圖　　片：大公報攝影記者
責任編輯：陳淑瑩
裝幀設計：馮自培

出　　版：大公報出版有限公司
　　　　　香港仔田灣海旁道七號興偉中心 29 樓
電　　話：2873 8288

發　　行：聯合新零售（香港）有限公司
　　　　　香港新界荃灣德士古道 220-248 號荃灣工業中心 16 樓
電　　話：2150 2100

印　　刷：

版　　次：2023 年 1 月初版

國際書號：ISBN 978-962-582-090-3

定　　價：港幣 120 元